벼랑 끝에서 희망을 보다

벼랑끝에서 희망을 보다

초판1쇄 발행 2009년 10월 9일
지은이 : 이기승
펴낸이 : 김수곤
펴낸곳 : 선교횃불(ccm2u)
등록일: 1999년 9월 21일 제54호
주소: 서울시 송파구 삼전동 103번지
전화: (02) 2203-2739
FAX: (02) 2203-2738
E-mail: ccm2you@gmail.com
Homepage: www.ccm2u.com

책값은 뒷표지에 있습니다.
ISBN 978-89-5546-117-6 03230

벼랑 끝에서 희망을 보다

이기승 지음

신교횃불

들어가는 말

　힘겨운 시절이다. 경제난으로, 실직으로, 정신적 고통으로, 수많은 사람들이 인생의 벼랑에 서 있다. 자의든 타의든 어쩔 수 없는 인생의 벼랑으로 밀려와서 어쩔 줄 몰라 쩔쩔매고 있다. 어떤 이들은 아예 모든 것을 체념한 채 끝이 보이지 않는 벼랑 아래로 몸을 내던지는가 하면 애처로운 모습으로 한 가닥 '희망의 줄'을 기다리는 사람들도 있다. 이들이 간절하게 바라는 희망의 줄은 과연 어디에서 오는 것일까?

　필자는 성경 안에서도 인생의 벼랑에 서 있는 많은 사람들을 만났다. 오래 전 과거의 사람들이지만, 그들이 겪는 인생의 벼랑은 지금 우리가 겪고 있는 것과 별반 다르지 않았다. 그들은 그런 고통 속에서 한줄기 '희망의 빛'을 찾았다. 그 희망의 빛은 바로 나사렛 예수였다. 그들은 예수님을 통해 벼랑에서 구원을 얻었고, 치유를 얻었으며, 새로운 희망을 찾았다. 그리고 자신을 옭아매고 있던 벼랑의 속박에서 벗어나 다시 삶의 현장 속으로 걸어 들어갔다.

　나는 이것을 '희망의 심리학'이라고 부르고 싶다. 희망의 심리학은 단순히 고통을 이해하는데 그치지 않는다. 예수님이 주신 희망은 치유를 동반하는 것이었고 변화를 기초로 한 것이었다. 인생의 벼랑에서 예수님을 만난 사람들은 모두 ‘변화’ 했다. 과거의 그들은 모두 벼랑에서 죽었고 예수님을 만나 새롭게 태어난 그들은 전혀 다른 존재가 되어 제자의 삶을 살았다. 나는 지금 우리에게 가장 필요한 것이 바로 이것이라고 믿는다.

필자는 이 책에서 과거와는 달리 ‘적극적인 상상력’(active imagination)을 십분 활용했다. 적극적인 상상력을 통해 2천 년 전 예루살렘과 유대 땅, 가버나움과 사마리아를 여행하며 ‘트랜스포머’(The Transformer)이신 예수님을 만나 보았다. 그분은 인생의 벼랑에 서 있는 사람들을 찾아가서 희망의 줄을 건네셨고, 그 줄을 잡은 사람들을 벼랑 끝에서 이끌어내셨다. 성경 속의 그 예수님은 오늘도 동일하게 우리에게 희망의 줄을 건네고 계시다. 독자들이 이 책을 통해 그 희망의 줄을 잡을 수 있길 나는 간절히 바란다.

참고로 이 책 속의 상황들은 필자의 적극적인 상상력과 묵상의 산물이다. 묘사된 배경과 상황, 대화 내용들은 메시지를 전달하기 위해 일부 가감과 상상력을 동원했다. 독자들은 이 점을 참작해서 읽어주시길 부탁드린다. 아무쪼록 필자가 그랬던 것처럼 인생에 벼랑에 서 있는 많은 분들이 트랜스포머이신 예수님을 만남으로써 새로운 희망을 줄을 발견하기를 진심으로 기도한다. 이 책을 출판해 주신 도서출판 햇불 사장님과 수고하신 분들에게 감사드린다.

2009년 8월

이기승 목사

목차

I
밤에 찾아 온 손님

니고데모, 위선 때문에 자기 상실의 벼랑에 선 사람

"사람이 물과 성령으로 나지 아니하면 하나님 나라에 들
어갈 수 없느니라"(요 3:5)

　　사람들 가운데는 남에게는 물론이고 자기 자신에게조차 정직
하지 못한 채 위선의 가면을 쓰고 살아가는 사람들이 허다하다.
문제는 이것이 세인(世人)들만의 문제가 아니라는데 있다. 아이러
니하게도 오히려 종교인 가운데 이런 사람들이 더 많을 수 있다.
종교가 하나의 가면이 된다면 이는 자신을 잃어버린 채 살아가는
것이다. 밤중에 예수님을 찾아왔던, 초대받지 않은 손님 니고데모
가 바로 그런 사람이었다. 그는 종교적인 위선 때문에 자기 상실
의 벼랑에 서 있는 사람이었다.

　　아침 햇살을 머금은 채 황금빛으로 빛나는 성도(聖都) 예루살
렘의 거리는 유월절 행사로 인해 한껏 들떠 있었다. 거리를 채운
채 이리저리 몰리는 인파는 축제의 열기를 뿜어내고 있었다. 하

지만 긴박했던 출애굽 당시의 유월절 정신과 생동감은 이미 다 사라졌고 이제 유월절은 본래의 의미는 퇴색한 채 형식적인 종교행사로 진행되고 있었다. 유월절 절기를 집행하는 종교 관료들이나 유월절 행사에 참여하는 일반 백성들이나 절기의 주인공이자 절기의 한가운데 몸소 서 계신 진정한 유월절의 어린양을 알아보지 못했기 때문이다. 자신들 가운데 서 계신 어린양보다는 그분의 그림자에 매달려 동분서주하는 사람들의 모습은 말 그대로 한심한 풍경이었다. 거리는 인파로 흥청거렸지만 그 모습은 비극 그 자체였다.

유월절 절기의 열기도 점차 식어가던 그날 밤, 예수님을 찾아온 손님이 있었다. 니고데모라 불리던 사람이었다. 이 초대받지 않은 손님이라도 있어서 그 해의 유월절은 그런대로 의미가 있었다고나 할까.

가면의 벼랑에 선 사람

'백성의 정복자' 니고데모. 그는 종교적 위선으로 인해 자기 상실의 벼랑에 선 사람이었다. 산헤드린의 의원이었던 그는 종교적 권위로 눈부신 사람이었다. 하지만 그 빛나는 권위의 이면은 그다지 아름답지 않았다. 그의 외관은 위풍당당했지만 그의 내면은 영적 공허감에 짓눌려 있었다. 그는 백성을 정복하기에 앞서 자신을 먼저 정복해야 하는 사람이었지만 아쉽게도 그렇지 못했다. 그는 불행한 사람이었다.

니고데모는 모세가 전해 준 율법의 테두리 안에서 의(義)를 추구하며 그 나름대로 경건한 삶을 살아왔다. 적어도 그에게 있어서 하나님 나라(Kingdom of God)는 자신과 같은 의인을 위해 준비된 나라였고, 자신 같은 사람이 아니고서는 어느 누구도 하나님께 가까이 다가갈 수 없다고 스스로 자위해 왔다. 하지만 그런 본인의 생각과는 달리 그는 자신도 의식하지 못하는 외식의 벼랑에 서 있었다.

고요한 파문

그는 우연히 나사렛 예수에 관한 소문을 듣고는 신경이 곤두섰다. 그 안의 본능적인 무엇인가가 그 소문에 강렬하게 반응하고 있었다. 그는 강렬한 호기심과 경계심을 동시에 느꼈다. 그는 겉으로 드러내지는 않았지만, 이리저리 귀동냥을 통해 예수라는 분에 대해 많은 이야기를 수집했고, 때론 신분을 위장한 채 군중들 틈에 끼여 예수님의 가르침을 들었다. 그는 가르침을 펼칠 때 예수님이 보여주는 말씀의 권위와 그 말씀에 따른 표적을 보며 경악했다. 하지만 그는 처음부터 마음속에 단단한 경계의 벽을 치고 있었다. 다른 바리새인들이 그러했던 것처럼 그 역시 가르침을 받고 그 말씀을 믿고 따르기 위해 예수님의 말을 들었던 것이 아니었다. 그의 내부에는 호기심 어린 붉은 경고등이 번쩍번쩍 돌아가고 있었다.

하지만 그의 그런 경계심과 관계없이 처음에는 아주 미미하게, 그러나 시간이 흐르면서 뭔가 조금씩 그의 내면에 파문이 일기 시작했다. 지금까지 그가 보고 들었던 것과는 현저하게 다른 그 어떤 힘이 예수님의 말씀과 행동에서 나타났던 것이다. 그분의 말은 영적인 권위로 빛났고 그분의 눈빛은 형언할 수 없는 연민과 사랑에 가득 차 있었다. 그분의 몸짓은 한없이 우아하면서도 마치 세상의 것이 아닌 듯한 하늘의 향기를 풍겼다. 니고데모의 마음속에는 언제부터인지 꼭 한 번 개인적으로 예수님을 만나보고 싶다는 억제할 수 없는 충동이 일어나기 시작했다.

"아니야, 공연한 생각이야!" 그는 그런 충동이 느껴질 때마다 강하게 고개를 저으며 자신의 내면에서 일어나는 충동과 파문을 애써 잠재우려 노력했다. 하지만 그 충동은 때때로 그의 의지를 넘어서는 것이었다. 부정하면 부정할수록 그 충동은 더욱 강렬해졌고 그는 그런 자신을 어찌할 도리가 없었다. 결국 그는 다른 사람의 눈을 피해 예수님을 만나볼 수 있는 방법이 없을까 궁리하기 시작했다. 그러면서 동시에 이전과 같지 않은 자신의 모습에 놀라기도 하고 불안하기도 했다. 어쨌든 그는 사람들의 눈에 띄지 않게 야음을 틈타 예수님을 만나볼 작정이었다.

그러나 문제가 있었다. 예수님이 있는 곳을 어떻게 알고 찾아간단 말인가? 예수님은 일정한 거처가 없이 이곳저곳을 떠돌며 가르침을 전하고 있었다. 그래서 그는 믿을만한 하인 한 명을 시켜 그날 밤 예수님이 어디에 묵을 것인지를 알아오도록 시켰다. 그의 충실한 하인은 용케도 그날 밤 예수님이 묵고 있는 곳을 극적으로 알아내었다.

밤하늘에는 별들이 총총했다. 하지만 늦은 시간의 예루살렘 외곽은 지척을 분간하기 힘들 정도로 어둠의 장막이 짙게 깔려 있었다. 니고데모는 하인의 인도를 받으며 늦은 시간 예수님이 머물고 있는 곳에 도착했다. 남의 시선을 피하느라 얼마나 노심초사 했던지 그의 몸은 땀으로 축축하게 젖어 있었다.

쿵쾅거리는 가슴을 쓸어내리며 니고데모는 조심스레 문을 노크했다. 잠시 후 누군가가 손에 조그만 등잔을 받쳐 든 채 문 앞으로 나오는 기척이 들렸다. 조심스러운 목소리로 집주인은 "누구시오" 하며 삐거덕 문을 열었다. 니고데모는 신분을 밝히고 예수님을 뵙고 싶다고 용건을 밝혔다. 잠시 의아한 듯 말없이 니고데모를 바라보던 주인 남자는 역시 아무 말도 없이 그를 예수님 앞으로 인도했다. 집주인은 니고데모 같은 사람이 왜 예수님을 만나러 온 것인지 잘 이해되지 않는 듯한 표정이었지만, 신분이 신분인지라 더 이상 토를 달지 않고 묵묵히 그의 요구를 따르는 듯한 모습이었다.

초대받지 않은 손님

그가 인도되어 간 방은 그다지 넓지 않은 방이었다. 등경 위에는 작은 등불이 잔잔한 빛을 내며 가물거리고 있었다. 이미 손님들이 와 있었다. 그보다 먼저 온 사람들은 예수님의 말씀에 압도된 듯 굳게 입을 다문 채 온 몸으로 말씀을 경청하고 있었다.

예수님을 둘러싸고 앉은 사람들의 그림자가 벽에 비춰져 작은 등불이 바람에 흔들릴 때마다 마치 살아있는 것처럼 이리저리 움직였다.

둘러앉은 예수님의 제자와 청중들은 니고데모의 출현에 다소 놀란 표정들이었다. 그 중에는 긴장한 표정으로 경계의 몸짓을 하는 사람들도 있었으나 특별하게 이를 밖으로 드러내지는 않았다. 사람들은 예수님과 이야기를 하러 왔다는 니고데모의 말에 산헤드린 의원에 대한 최대한의 예의를 갖춰 자리를 피해 주었다. 사람들이 주섬주섬 방을 빠져나가고 난 후 방 안에는 예수님과 니고데모 단 두 사람만 남았다. 잠시 침묵과 긴장이 흘렀다. 이윽고 니고데모가 천천히 입을 열었다.

"랍비여, 당신은 하나님이 보내신 선생입니다. 그건 선생님이 하시는 말씀의 권위와 표적을 보아 알 수 있습니다."

아멘의 하나님

헬라인들은 지식을 좋아하고 유대인들은 표적을 추구했기 때문에[1] 그가 한 말은 유대인으로서 지극히 자연스럽고 평범한 말이었다. 그러나 다음 순간 예수님의 입에서 나온 말씀은 유대인의 교사로서 지금까지 니고데모가 배우고 가르쳐 온 모든 율법의 지식과 인간의 상식을 모조리 뒤집어엎는 말씀이었다. 그 말씀은 니고데모의 온 존재를 송두리째 뒤흔드는 폭풍 같은 말씀이었다.

"아멘, 아멘, 내가 말한다. 사람이 거듭나지 않으면 하나님 나라를 볼 수 없다."

이 무슨 말인가? 거듭나지 않으면 하나님 나라를 볼 수 없다니… 아멘, 아멘? 니고데모는 일순간 뭔가 육중한 둔기에 머리를 맞은 듯 현기증을 느꼈다. 거듭나지 않으면 하나님 나라를 볼 수 없다는 예수님의 단도직입적인 말씀은 니고데모의 개인적 확신뿐만 아니라 그의 존재 자체를 뒤집어엎는 말씀이었다. 휘청거리는 정신을 간신히 가다듬은 그는 잠시 입술을 깨문 채 기억을 더듬었다.

"그러므로 땅에서 자기를 위하여 복을 구하는 자는 아멘의 하나님²⁾을 향하여 복을 구할 것이요…"

벌써 오래 전, 하나님의 종 이사야가 '아멘의 하나님'을 선포하지 않았던가? 아니 그보다 훨씬 이전, 장막 밖으로 불러내어 그의 후손을 밤하늘의 별들처럼 번성케 하시겠다는 언약의 말씀을 주시는 하나님께 믿음의 조상 아브라함이 "아만"³⁾이라고 응답하던 순간부터 하나님은 '아멘의 하나님', '신실하신 하나님'⁴⁾이 되신 게 아닌가? 그런데 지금 자신 앞에 앉아 있는 이 랍비는 바로 그 '아멘'을 하나님이 아닌 바로 그 자신에게 적용하고 있었다. 지금까지 어느 누구도 감히 자신을 하나님과 동등하게 취급한 사람은 없었다! 그런데 지금 이 랍비는 자신을 하나님과 동등한 위치에 올려놓고 있지 않은가?

니고데모는 혼자말로 뇌까렸다.

"그렇다면 지금 내 앞에 앉아 있는 사람은 단순한 랍비가 아니라 하나님이시란 말인가? 하나님으로부터 온 자, 하나님이 보낸 자가 아니라 바로 하나님 자신이란 말인가?… 이 무슨 황당한 이야기인가?"

니고데모는 주체할 수 없는 기묘한 느낌 속으로 빠져들었다. 니고데모는 자신이 덫에 걸린 듯한 느낌이 들었다. 그가 빠져나갈 수 있는 문은 이미 앞뒤로 다 막혀버렸다. 그는 자신이 거듭나지 못했음을 알고 있었다. 그는 철저하게 율법대로 살아왔지만 그의 내면은 늘 공허했다. 그는 예수님이 말하는 '거듭남' 이 무엇인지 알고 있었다. 이제 그의 앞에 놓인 것은 양자택일의 결단밖에 없었다. 자신의 종교적 위선의 가면을 벗어던지고 예수님을 자신의 하나님으로 받아들이든가, 아니면 지금처럼 자기 상실의 벼랑에 매달려 있든가 둘 중 하나였다. 그는 지금 운명의 갈림길 앞에 서 있는 것이었다.

예수님은 계속 말씀하셨다.

"사람이 물과 성령으로 거듭나지 않으면 하나님 나라에 들어갈 수 없느니라."

천국에 들어가려면

니고데모는 율법의 테두리 안에서 살면서 율법을 하나님의 백성으로서의 정체성과 자신의 존립 기반으로 삼아왔다. 하지만 그는 하나님의 나라와는 여전히 거리가 먼 자였다. 하나님과 가장 가까이 있다고 믿어 왔지만 그는 사실 하나님 나라의 문턱에도 이르지 못한 사람이었다.

예수님 앞에서 율법의 종교는 사정없이 허물어졌다. 니고데모는 스스로를 의인(義人)으로 치부해 왔다. 율법에 흠이 없는 바리새인, 사회적으로 존경받는 산헤드린 의원, 그리고 정통 유대 랍비! 그 정도면 하나님 나라는 따 놓은 당상이었다.

그러나 그 모든 것은 하나님 나라와는 아무런 관계도 없는 것들이었다. 아니, 오히려 그것들은 하나님 나라에 들어가는데 거추장스런 장애물들, 한 마디로 요약하면 가면에 불과한 것이었다. 하나님 나라에 들어가 영생을 누리기 위해서는 먼저 거듭나야 했다. 자기 개선이나 선행, 혹은 노력으로 결코 도달할 수 없는 곳이었다. '변화의 과정'(Transformative process)이 없이는 갈 수가 없는 나라였다. 그리고 그 변화는 물과 성령으로 의한 '재 출생'(Rebirth)이었다. 회개하고 복음[5]을 믿어 성령세례를 받고 과거의 죄와 옛 사람(자아)이 십자가에서 죽어야만 비로소 새 사람, 즉 천국 시민이 되는 것이었다.

니고데모는 이제 물과 성령으로 거듭나야만 했다.

내 안에 있는 천국

또한 예수님은 "하나님 나라는 네 안에 있느니라"[6]고 말씀하셨다. "네 안"은 어디인가? "네 안"은 진정한 자기(True Self)이다.

니고데모는 그동안 의식적인 자아(the conscious ego)를 진정한 자아로 착각하며 살아왔다. 그리고 그의 의식적인 자아는 자아 팽창(Ego inflation)이란 병에 걸려 '가면 페르소나'[7](Persona)만 키우고 있었던 것이다. 그는 자기기만(self-deception)에 빠져 있었다. 하나님의 나라에서 멀리 떨어져 있는데도 자신은 가깝게 있다고 생각하고, 구원을 얻지 못했지만 자신은 구원을 얻은 백성이라고 자위(自慰)하고 있었던 것이다.

예수님이 당시의 종교 지도자들을 매섭게 질타하셨던 것[8]은 그들이 니고데모처럼 가면을 쓴 위선자들이었기 때문이었다.

진리의 아침

니고데모는 자리를 털고 일어섰다. 더 이상 예수님 앞에 앉아 있을 수 있는 용기와 자신이 없었다. 설명할 수 없는 어떤 두려움이 그를 짓눌렀다. 그는 자신이 정직하게 자신의 양심과 대면해야 함을 알고 있었다. 비록 예수님 앞에서 달아날 수는 있지만 자신과의 대면은 피할 길이 없었다. 더 이상 도망갈 구멍이 없었다. 야곱이 얍복[9]강에서 이스라엘로 변화되었듯, 자신은 '영혼의 어둔 밤'[10]이란 통과의례(Passage rite)를 거쳐야 했다.

돌아가는 길은 올 때보다 더욱 어둠이 짙었다. 단순히 시간이 자정을 넘었기 때문만은 아니었다. 그의 내부에서 일어나는 감정의 소용돌이 때문에 어둠이 더 깊어 보였다. 어둠 속에서 발이 돌부리에 걸려 부딪쳤지만 그는 아픈지조차 알지 못했다. 그는 몹시 흥분되어 있었다. 집으로 돌아오는 내내 그는 마음속으로 예수님이 하신 말씀의 의미를 거듭 되새기고 있었다.

“사람이 물과 성령으로 거듭나지 않으면 하나님 나라에 들어갈 수 없느니라.”
“너의 가면을 벗어던져라. 그래야 하늘 문이 열릴 것이다…”

밤늦게 집으로 돌아온 니고데모는 쉬이 잠을 이룰 수가 없었다. 그는 계속 뒤척이며 예수님이 하신 말씀들[11]을 곰곰이 생각해 보았다.

“아멘, 아멘, 내가 너희에게 말한다…”
“모세는 말했거니와, 나는 너희에게… 말한다…”
“이 성전을 헐라. 내가 사흘 만에 다시 일으키리라.”
“소자야, 네 죄가 사함 받았느니라.”
“내가 길이요, 진리요, 생명이니…”

갈수록 혼란은 깊어갔다. 그렇게 니고데모가 불면의 밤을 보내는 동안, 주변의 낮은 언덕과 다닥다닥 붙은 집들, 그리고 고즈넉이 서 있던 나무들이 새벽의 여명 속에서 서서히 짙은 실루엣의 윤곽선들을 드러내고 있었다. 유월절을 맞이한 성도(聖都) 예루살렘 성전은 여느 때와 마찬가지로 찬란한 아침 햇살 속에서 눈부신 황금빛을 발산하기 시작했다.

일찌감치 새벽잠에서 깨어난 새들의 요란한 지저귐이 니고데모의 신경을 건드렸다. 도통 잠을 이루지 못하고 밤새 뒤척이는 남편 곁에서 뜬 눈으로 밤을 새운 니고데모의 아내는 지난 밤 무슨 일이 있었느냐고 감히 물을 엄두를 내지 못한 채 니고데모의 안색만 살피고 있었다.

'예수는 하나님이시란 말인가? 하나님이 정말로 인간이 되셨단 말인가?…'

창문으로 아침의 첫 햇살이 쏟아져 들어왔다. 그 빛을 보는 순간, 니고데모의 마음에 형언할 수 없는 기쁨이 차올랐다. 밤새 그를 지배하던 번민이 썰물이 밀려나가듯 그 빛에 씻겨나갔다. 고통은 사라지고 가슴속에 잔잔한 평화가 밀려왔다. 그 평안 속에서 니고데모는 마침내 결심했다. 강한 확신이 그를 지배했다. 니고데모는 과거의 자신을 버리기로 결심했다. 예수님의 말씀이 진리임을 그는 비로소 깨달았다. 찬란한 아침 햇살 속에서 니고데모는 혼잣말처럼 중얼거렸다. 물과 성령으로 거듭나는 길, 곧 중생(重生)의 길을 택하겠노라고.

종교적 위선의 가면을 벗은 니고데모

예수님을 메시아로, 하나님의 아들로 받아들인 니고데모의 마음과 삶에는 서서히 변화의 물결이 일기 시작했다. 이전에 그토록 중시했던 모든 것, 그리고 추구했던 땅의 모든 것이 일순간

하찮은 것으로 변했다. 이전의 황금은 이제 한낱 지푸라기나 배설물이 되었다. 그리고 그것들이 빠져나간 자리는 하나님 나라의 서광과 위로로 가득 찼다. 자신의 신분 때문에 비록 예수님을 세상을 구원할 메시아이자 하나님의 아들로 받아들인 사실을 공공연히 발설하지는 못했지만, 니고데모는 예수님 일행의 행보를 끊임없이 주시했고, 예수님이 십자가에서 처형된 이후에는 장례를 위해 몰약과 침향 섞은 향품을 가져 왔다.

늦은 감이 없진 않지만, 니고데모가 예수님의 장례식에 모습을 드러낸 것은 이만저만한 용기와 모험이 아니었다. 그것은 자신이 예수님의 제자임을 공공연히 드러내는 행위였다. 그날 밤, 나사렛 예수를 찾은 것은 그에게 크나큰 행운이었다. 아니, 행운이라기보다는 미리 예비하신 하나님의 은총이었다. 니고데모는 아리마대 요셉과 함께 정중히 예수님의 장례를 치렀다. 그리고 그는 고백했다.

나를 인생의 벼랑에서 건지신 나사렛 예수여,
당신은 하나님이 보내신 아들이십니다.
당신은 진정 하나님이십니다.
오직 믿음으로 인한 중생(重生)의 길을 통하여
중생(衆生)들을 하나님 나라로 이끌어 들이시는
메시야요 주(Lord)이십니다.
그리고, 이제 당신은 나의 주(Lord)이십니다.

당신은,
내가 그토록 찾던 귀중한 하나님의 나라를 볼 수 있게 해
주셨습니다.
당신이 바로 하나님 나라의 건설자요 진정한 주인임을
알았습니다.
당신이 천국 문이요 그리고 그리로 가는 길임을 알았습
니다.

당신은,
또한 그 나라가 다른 곳이 아닌 바로 내 안에 있음을 깨닫
게 해 주셨습니다.
그것이 진정한 자신(True Self)임을 일깨워 주셨습니다.
율법의 의로 포장한 자신이 아닌
어떤 종교적 행위로 꾸며진 내가 아닌
있는 모습 그대로의 나임을 깨닫게 해 주셨습니다.

나는 이제
당신이 약속하신 대로
내가 몸담았던
가증스럽고 위선적인 예루살렘이 아닌
하늘의 참 예루살렘을 가지고 오시는 날을
손꼽아 기다리겠습니다.

아멘.

1. 우리는 스스로도 의식하지 못하는 '외식의 벼랑'에 서 있다.

니고데모는 모세가 전해 준 율법의 테두리 안에서 의를 추구하며 그 나름대로 경건한 삶을 살아왔다. 적어도 그에게 있어서 하나님 나라는 자신과 같은 의인을 위해 준비된 나라였고, 자신 같은 사람이 아니고서는 어느 누구도 하나님께 가까이 다가갈 수 없다고 스스로 자위해 왔다. 하지만 그런 본인의 생각과는 달리 그는 자신도 의식하지 못하는 외식의 벼랑에 서 있었다.

2. 우리는 의식적인 자아를 진정한 자아로 착각하며 산다.

니고데모는 그동안 의식적인 자아를 진정한 자아로 착각하며 살아왔다. 그리고 그의 의식적인 자아는 자아팽창이란 병에 걸려 '가면 페르소나' 만 키우고 있었던 것이다. 그는 자기기만에 빠져 있었다. 하나님의 나라에서 멀리 떨어져 있는데도 자신은 가깝게 있다고 생각하고, 구원을 얻지 못했지만 자신은 구원을 얻은 백성이라고 자위하고 있었던 것이다.

3. 예수님을 메시아로 받아들일 때 우리의 가치관은 변화를 일으킨다.

예수님을 메시아로, 하나님의 아들로 받아들인 니고데모의 마음과 삶에는 서서히 변화의 물결이 일기 시작했다. 이전에 그토록 중시했던 모든 것, 그리고 추구했던 땅의 모든 것이 일순간 하찮은 것으로 변했다. 이전의 황금은 이제 한낱 지푸라기나 배설물이 되었다. 그리고 그것들이 빠져나간 자리는 하나님 나라의 서광과 위로로 가득 찼다.

II
영원히 마르지 않는 생명수

우물가 여인, 과거와 죄책감으로 벼랑에 선 사람

"내가 주는 물은 그 속에서 영생하도록 솟아나는 샘물이
되리라"(요 4:3~42)

사람들 가운데는 이미 지나가버린 과거와 과거에 지은 죄와 실수, 그리고 거기에 따르는 죄책감 때문에 인생의 벼랑에 서 있는 사람들이 허다하다. 이런 사람들의 특징은 과거의 삶이 현재의 삶을 지배한다는 것이다. 과거는 이미 영원한 시간 속에 묻혀버렸기 때문에 자신과는 무관한 것이 되었지만, 이런 사람들은 과거의 자신과 단절하지 못하고 늘 과거의 그림자 아래 살고 있기 때문에 자유를 잃어버린다.

이글거리며 사마리아의 메마른 대지를 달구던 한낮의 열기가 서서히 그 힘을 잃어가고 있었다. 한껏 달아올랐던 지표면은 한숨을 돌린 듯 차분해졌고, 서서히 황혼의 땅거미가 슬금슬금 대지를 차지하고 있었다. 오후 6시, 바빴던 하루를 마감하고 안식을 위한 저녁을 준비할 시간이었다.

예수님은 제자들의 의문과 성화에도 불구하고 무슨 의도였는지 유대에서 갈릴리로 가시는 길에 기어코 사마리아 땅을 들르셨다. 영문을 모르는 제자들은 예수님의 뒤를 따르며 이따금 서로의 얼굴을 마주보며 수군거렸다. 하지만 이 일은 예수님께 꼭 필요한 일이었다.[12]

혼혈화 되었고, 더욱이 혼합종교에 푹 젖어있던 사마리아인들은 유대인들로부터 완전히 소외된 채 주변화(周邊化) 되었다. 하지만 사마리아인들의 입장에서 보자면 유대인들은 모두 가증스런 종교적 위선자들이었다. 유대인과 사마리아인들은 서로를 증오했고, 따라서 이들이 서로 얼굴을 마주하는 일은 해가 서쪽에서 뜰 일이었다.

우물가의 만남

팍팍한 여행길에 지친 예수님은 수가 마을[13]에 있는 야곱의 우물가에 앉아 쉬시며 곤한 몸을 추스리고 계셨다. 어쩌면 예수님은 그 우물곁에서 오래 전 얍복 강에서 만나 씨름을 했던 야곱의 모습을 떠올리고 계셨을지도 모를 일이었다. 동행하던 제자들은 음식을 구하기 위해 마을로 모두 들어가고 우물가에는 아무도 없었다. 한적한 침묵이 우물 주변을 조용히 감싸고 있었다.

바로 그때, 그 침묵을 가르며 저만치 허름한 차림새의 한 여인이 가죽부대를 들고 우물을 향해 걸어오고 있었다. 남루한 옷

차림의 여인은 언뜻 보아 평범한 가정의 여인 행색은 아니었다. 기울기 시작하는 불그스레한 석양빛을 가슴에 안은 채 고개를 떨구고 우물을 향해 힘없이 걸어오던 여인은 웬 남자가 우물가에 걸터앉아 있는 모습을 보자 잠시 주춤거렸다. 하지만 곧 애써 시선을 피하려는 듯 고개를 숙인 채 재빨리 우물물을 길어 가죽부대에 채우고는 우물가를 떠나기 위해 황급한 발걸음을 떼었다. 헌데, 바로 그때였다. 묵직한 남자의 음성이 여인의 귓전을 때렸다.

"여자여, 물을 좀 달라"

"……"

여느 여인네들처럼 낯선 남자의 말을 못들은 척 달아날 법도 했지만, 그 여인은 마치 황당한 일이라도 당한 듯 뚫어지게 예수님을 바라보며 응수했다. 세파에 많이 시달린 몸이라 그만큼 강팍했던 탓일까?

"선생이여, 당신은 유대인인데 어찌 사마리아 여자인 나에게 물을 달라 하십니까?"

대꾸하는 정황으로 보아 확실히 보통 여자는 아닌 듯 했다. 그러나 숨 고를 틈도 없이 비수 같은 예수님의 다음 말씀이 여인의 심장을 관통했다.

"네가 만일 하나님의 선물과 또 네게 물을 좀 달라하는 이가 누구인 줄 알았더라면 네가 그에게 구하였을 것이고, 그가 생명수를 네게 주었을 것이다."

“생명수라니?…”

한 번도 들어본 적이 없는, 아니 존재하지도 않았던 물을 지금 이 낯선 남자는 언급하고 있지 않은가? 물이 살기 위해 절대적으로 필요하다는 것은 삼척동자도 다 아는 사실이지만, 지금까지 모든 사람들은 그것을 단순히 물이라고 했지 ‘생명수’라고는 말하지 않았다. 하지만 세상 경험이 많았던 여인은 지금 이 눈앞의 낯선 남자가 그 물과는 다른 무엇인가를 이야기하고 있음을 직감했던 것일까? 어쩌면 “하나님의 선물”, “내가 누구인지 알았더라면…”, “생명수”라는 말들이 일순간 여인의 습관적인 사고체계에 파문을 일으킨 탓인지도 몰랐다.

“주여, 물을 길을 그릇도 없고 이 우물은 깊은데, 어디서 당신이 그 생명수를 얻을 수 있겠습니까?”

여인은 아무래도 예수님이 하시는 말씀의 무게에 조금은 압도당한 것 같았다. 예수님을 ‘선생’이라 하지 않고 ‘주’라고 불렀으니 말이다. 하지만 여인의 언사(言辭)는 앞뒤가 맞지 않는다. “물을 길을 그릇도 없고 이 우물은 깊은데 ‘어떻게’ 물을 길을 수 있습니까?”라고 말해야 옳지 않을까? 그녀의 논조는 “여기 있는 이 우물물을 길을 수도 없는 처지에 ‘어디서’ 생명수를 얻는단 말입니까?”하고 따지는 논조다. 그렇지만 아직도 생명수에 대한 호기심은 떨쳐버리지 못하고 있음이 확연하다.

나아가서 여인은 지금 자기 앞에 서서 생명수 운운하는 낯선 남자의 위상(位相)을 낮추는 대신 자기의 위상을 높이려는 듯, 그 우물의 정체성과 역사를 믿음의 조상 야곱에게 결부시켰다. 그리고 믿음의 조상 야곱과 결부되어 있는 자신의 정체성을 은근히 내비추면서 그 정체성 뒤에 자신을 감추려는 의도가 숨어 있었다.

두 사람의 대화를 엿들으려는 듯, 기울어가던 태양이 일순간 멈추었고, 땅 바닥에 이리저리 뒹굴던 흙먼지가 지나가던 바람에 희뿌옇게 흩날리며 신경을 거스르게 만들었다. 얼마나 먼 곳으로 갔는지, 뭘 구하고 있는지, 음식을 마련하러 나갔던 제자들은 여태 감감 무소식이었다.

예수님은 대화의 고삐를 늦추지 않았다. 여인은 자신도 모르는 사이에 대화의 중심으로 빨려들고 있었다.

"이 물을 마시는 자마다 다시 목마르겠지만, 내가 주는 물을 마시는 사람은 영원히 목마르지 않을 것이니, 내가 주는 물은 그 사람 속에서 영원토록 솟아나는 샘물이 되리라."

여인에게 물을 긷는 일은 정말이지 쉽지 않은 일이었다. 가능하면 마을 사람들과 부딪치지 않아야 했기 때문이었다. 마을 사람들은 이 부정한 여인의 얼굴을 쳐다보는 것조차 꺼려했을 뿐만 아니라 여인을 만나게 되면 재수 옴 붙는 것으로 치부했다.

사정은 여인도 마찬가지였다. 그녀에게 있어 동네 사람들과 마주치는 일은 죽는 것보다도 괴롭고 힘든 일이었다. 우연히 마을 사람들과 마주치기라도 하면, 마을 사람들의 입에서는 거침없는 욕설과 저주가 튀어나왔다.

그때마다 여인은 우물로 물을 길러 오지 않을 수 있다면 얼마나 좋을까 하고 생각했다. 여인에게 있어 그 바람은 도저히 버릴 수 없는 절망적 희망과 같은 것이었다.

"사람 속에 있는 우물?!… 영원히 마르지 않는 샘물!…"

사람 속에 있는 물이란 한 번도 들어본 적이 없는, 생각조차 할 수 없는 이야기였다. 그건 영원토록 고갈되지 않는 물도 마찬가지였다. 영원히 고갈되지 않는 샘이 이 세상 어디에 있다는 말인가?

한편으로는 사실처럼 여겨지지 않았지만, 그럼에도 불구하고 여인은 좀처럼 궁금증을 가라앉힐 수가 없었다. 여인의 내부에서 한시라도 빨리 그 물을 갖고 싶다는 욕망이 분출했다. 마을 사람들과 마주치는 일은 세상에서 가장 지긋지긋한 일이었다. 여인으로서는 머뭇거릴 겨를이 없었다. 이 욕망은 지난날 뭇 남성들의 품에 안겨 밤새토록 탐닉했던 육신의 쾌락에 대한 갈증과 욕망, 돈에 대한 욕망, 여인으로서 흔히 가질 수 있는 화려한 삶에 대한 욕망, 그 어떤 다른 욕망보다 더 간절하고 치열했다.

"주여, 그 물을 내게 주십시오! 그래서 다시 목마르지 않고 또 여기 물 길러 오지 않게 해 주십시오!…"

지속되는 과거의 그림자

여인은 지금까지 과거에 의해 지배받는 삶을 살아왔다. 그녀의 현재와 미래는 철저히 과거에 지은 죄와 실수, 그리고 그에 따

르는 죄책감의 지배 아래 있었다. 그런 의미에서 그녀는 인생의
벼랑에 서 있었다.

그녀는 과거의 자신을 진정한 자기 자신(true self)으로 동일시
하며 살았다. 성경에 나타난 정황으로 미루어볼 때, 그녀는 거듭
되는 결혼의 실패와 그로 인한 낮은 자존감(low self-esteem)으로 자
신을 혐오하고 있었을 수 있는데, 그러한 자기혐오는 한 개인의
온전한 인간관계를 모두 무너뜨릴 수 있는 것이다. 아니면 그녀
의 어린 시절 원 가정(original family)에서 그녀의 부모가 부모로서
의 역할 모델을 제대로 제시하지 못했거나, 그녀 자신이 원 가정
안에서 속죄양이 되었을 가능성도 없지 않다. 또한 살아오면서
이런 저런 사람들로부터 배신과 속임을 당한 상처도 있었을 것
이고, 개인적인 실패의 경험도 있었을 것이다. 의식적이든 무의
식적이든 자신을 혐오하면서, 다른 한편으로는 뭇 남성들의 품
을 전전하며 육체적 쾌락에 탐닉하는 죄도 수없이 저질렀을 것
이다. 어찌되었든 불행한 과거는 그녀의 발목을 끈질기게 붙잡
고 있었고, 주변의 그 누구도 그녀가 과거의 결박을 끊을 수 있도
록 도움을 주지 않았다. 물론, 이런 종류의 결박은 스스로 풀기
에는 너무 힘겹다.

사람에게는 누구나 과거가 있다. 자신의 어두운 과거를 과감
하게 단절하지 못한다면 그 과거는 어떤 형태로든 한평생 진정
한 자신을 찾아가는 여정에 이런 저런 영향을 미친다. 과거는 과
거일 따름이지만, 많은 경우 사람들은 지나간 과거를 자신과 동

일시하며 그 과거에 붙들린 채 진정한 자신을 찾는데 실패하는 경우가 허다하다.

"네 남편을 불러오라!"

추상같은 호령으로 들렸을까? 여인으로서는 천 길 낭떠러지에서 떨어지는 것과 같은 아찔한 순간이었다. 남편이 없다는 사실을 어떻게 알았을까?⋯ 여인은 거기서 한 발도 뒷걸음질 할 수가 없었다. 결국 여인은 실토하고 만다.

"나는 남편이 없습니다!"

"네게 남편이 없다는 말이 진실이다. 네게 남편이 다섯 있었고, 지금 있는 자도 남편이 아니다."

도피하는 여인

예수님은 문제의 정곡을 찔렀다. 여인은 크게 당황했다. 그래서 문제의 핵심을 예배 장소로 돌림으로써[14] 과거와의 대면을 회피하려 한다.

"주여, 보니 선지자로소이다. 우리 조상들은 이 산에서 예배하였는데 당신들은 예배할 곳이 예루살렘에 있다 하더이다."

오래 전, 약속의 땅 가나안을 눈앞에 두고 이스라엘의 영도자 여호수아는 하나님의 백성들을 그리심 산과 에발 산[15] 사이에 세운 뒤 백성들에게 하나님 앞에서 오직 하나님만 섬기고 예배할 것을 언약하도록 만들었다. 그때 이스라엘 백성들은 이구동성으로 "예, 우리가 그렇게 하겠습니다"라고 대답했고, 여호수아는 두 산을 증인으로 삼아 하나님의 축복과 저주[16]를 약속하며 기원 했다.

여호수아를 따라 언약을 체결한—시내산 계약의 갱신—이스 라엘 백성은 언약궤를 중심으로 여호와 하나님을 예배했다. 이후 다윗에 의해 예루살렘이 수도화(首都化)되고 노숙하던 하나님의 언약궤가 예루살렘에 안치되면서 예루살렘이 예배의 중심이 되 었던 것인데, 사마리아인인 그녀는 과거 사마리아인들이 그랬던 것처럼 오로지 사마리아를 예배의 중심지로 고집하고 있었다.

하지만 회피하면 치유는 이루어지지 않는다. 우물가의 여인 은 어두운 자신의 과거와 직면해야 한다. 그리고 그 과거와 화해 해야 한다. 상처 준 사람들은 용서하고, 죄는 자백하여 용서받고, 과거의 자신을 부인하는 대신 수용해야 한다. 과거의 그림자에 눌려 벼랑 끝에 서는 삶 대신 마음의 평화를 누릴 수 있는 안전지 대로 옮겨가야 한다.

"너희는 알지 못하는 것을 예배하고 우리는 아는 것을 예배하 노니 이는 구원이 유대인에게서 남이라. 아버지께 참되게 예배 하는 자들은 신령과 진리로 예배할 때가 오나니 곧 이때라. 아버 지께서는 자기에게 이렇게 예배하는 자들을 찾으시느니라."

예배 문제로 도피해봤자 막다른 골목이었다. 예배는 장소의 문제가 아니다. 하나님이 받으시는가 안 받으시는가, 곧 열납이 문제의 핵심이다. 사마리아인들의 예배, 그녀의 예배는 엉터리 예배였다. 알지 못하는 것에 대한 예배, 신령과 진정으로 드리는 예배가 아니라 겉치레에 불과한 예배를 드려왔으니 무슨 말로 더 이상 반박하겠는가? 사마리아인에게서 구원은 나지 않는다!

대화는 절정에 도달했다. 유대인이든 사마리아인이든 메시아, 곧 그리스도를 갈망하고 있었음은 의심할 바 없었다. 여인은 모든 문제의 핵심인 메시아, 곧 예수 그리스도에게 도달했다. 이는 예수님이 바라던 바였다.

"메시아 곧 그리스도라 하는 이가 오실 줄 내가 아노니 그가 오시면 모든 것을 우리에게 알려주시리이다."

"네게 말하고 있는 내가 바로 선지자들이 예언한 메시아 바로 그니라!"

에체 호모(Ecce Homo)

가죽부대를 내팽개친 채 여인은 마치 신들린 사람처럼 어느덧 땅거미가 깔린 마을을 향해 쏜살같이 내달았다. 마을 어귀에 도착한 여인은 가쁜 숨을 몰아쉬며 정신 나간 듯 소리치기 시작했다.

"내가 만난 그리스도를 와 보라." [17]

결국 예수님께 가르침을 청한 사마리아 수가 성 사람들은 등잔불을 밝힌 채 그날 밤 늦도록 예수의 말씀을 경청했다. 그 사람들 틈에 저녁 무렵 만났던 우물가 여인이 끼어 있었음은 두말할 필요도 없다. 예수님의 가르침이 이어지는 동안 이따금 들리는 개 짖는 소리가 평화로운 밤의 정적을 깨뜨리고 있었다.

과거의 결박을 끊다

예수님과의 실존적 만남(existential encounter)을 통해 자신을 꽁꽁 동여매고 있던 과거의 결박을 끊은 여인! 상처를 준 사람들에 대한 용서와 죄의 자백, 그리고 자기 자신(The Self)을 수용함으로써 과거의 결박을 과감히 끊어버린 여인은 오랜만에 자유를 되찾았다.

그녀에게 이제 주변 사람들의 시선이나 평가는 그리 중요하지 않았다. 그녀는 온전한 자기 자신으로서(as Herself) 창조적이고 개방된 미래를 향해 자유로운 삶의 나래를 맘껏 펼칠 수 있었다.

그녀는 이렇게 고백했다.

그리스도 예수를 만나기 전까지 나는 벼랑에 매달려 간신히 목숨만 이어가고 있었다. 아니, 목숨을 이어가고 있었다기보다는 기진맥진하여 천천히 죽어가고 있었다. 나는 나를 죽이고 있는 것이 다른 사람이 아닌 바로 나 자신이었다는 사실조차 깨닫지 못하고 있었다.

그러던 어느 날 예수께서 나를 우물가에서 만나주셨다. 그분은 나를 만나기 위해, 나에게 자유를 찾아 주시기 위해 사마리아로 들어오셨다. 그분은 비록 죄와 상처로 물든 나의 과거였지만 그것을 부인하거나 회피하지 말고 용기를 가지고 직면하라고 하셨고, 용서와 고백의 길을 가르쳐 주셨다. 그리고 과거에 지배받지 말고 미래를 향해 살라고 하셨다. 우리는 미래를 향한 개방된 존재임을 일깨워주셨던 것이다. 그리고 무엇보다도 그분은 용서(forgiveness)하고 수용(acceptance)하는 하나님의 깊은 사랑을 체험할 수 있게 만들어 주셨다. 그분이 우리 마을을 떠난 후 나는 다시는 그분을 뵙지 못했지만, 그분이 남긴 인상과 영향력은 아직도 나의 삶에 큰 위로와 힘이 되고 있다. 할 수만 있다면 그분을 다시 한 번 뵙는 것이 내 인생의 마지막 희망으로 남아 있다.

1. 우리는 ‘과거’라는 망령에 사로잡혀 있다.

여인은 지금까지 과거에 의해 지배받는 삶을 살아왔다. 그녀의 현재와 미래는 철저히 과거에 지은 죄와 실수, 그리고 그에 따르는 죄책감의 지배 아래 있었다. 그런 의미에서 그녀는 인생의 벼랑에 서 있었다.

2. 어두운 과거는 우리가 진정한 자신을 찾는데 장애물로 작용한다.

사람에게는 누구나 과거가 있다. 자신의 어두운 과거를 과감하게 단절하지 못한다면 그 과거는 어떤 형태로든 한평생 진정한 자신을 찾아가는 여정에 이런 저런 영향을 미친다. 과거는 과거일 따름이지만, 많은 경우 사람들은 지나간 과거를 자신과 동일시하며 그 과거에 붙들린 채 진정한 자신을 찾는데 실패하는 경우가 허다하다.

3. 예수님과의 실존적 만남을 통해 우리는 과거의 속박에서 벗어날 수 있다.

그분은 비록 죄와 상처로 물든 나의 과거였지만 그것을 부인하거나 회피하지 말고 용기를 가지고 직면하라고 하셨고, 용서와 고백의 길을 가르쳐 주셨다. 그리고 과거에 지배받지 말고 미래를 향해 살라고 하셨다. 우리는 미래를 향해 개방된 존재임을 일깨워주셨던 것이다. 그리고 무엇보다도 그분은 용서하고 수용하는 하나님의 깊은 사랑을 체험할 수 있게 만들어 주셨다.

Ⅲ
투사의 그림자

간음하다 잡힌 여인, 정죄의 벼랑에 선 사람

"가서 다시는 죄를 범하지 말라"(요 8:1~11)

사람들 가운데는 자신이 지은 죄 때문에 죄책감으로 괴로워 하는 사람들이 많다. 죄가 들통 나 다른 사람들로부터 정죄를 받는 것도 힘든 일이지만, 더 심각한 것은 스스로를 정죄하여 벼랑으로 내 모는 일이다. 스스로에 대한 정죄는 자기 가치체계(self value system)를 허물어 뜨려 만성적 우울증(Chronic depression), 삶의 의욕 상실, 그리고 극단적으로는 자살(suicide)로까지 내모는 경우를 흔히 볼 수 있다.

명절이 끝난 예루살렘 성 내부는 명절의 여운이 끝나지 않았는지 정리되지 않은 채 어수선하고 산만한 모습이었다. 그런 산만함 가운데서도 겉으로 드러나지는 않지만 알 수 없는 긴장감이 감돌고 있었다. 예루살렘의 내부 사정을 아는 사람들은 지난 밤 예수님의 문제를 놓고 유대 지도층의 인사들이 비밀리에 회동을 가졌다는 사실 정도는 파악하고 있었다. 명절 이후의 어수선함과 폭풍 전야의 고요가 묘하게 공존하고 있는 듯한 모습이었다.

이른 아침의 태양이 해맑은 얼굴을 드러낼 무렵, 감람산에서 밤을 새우며 기도하신 예수님은 약간 초췌한 모습으로 예루살렘 성에 나타났다. 예수님에 관한 소문 탓인지 예루살렘 성은 어제보다 더 많은 군중들이 모여들었고, 인파로 출렁거리는 예루살렘 성은 알 수 없는 긴장감과 흥분으로 들떠 있었다.

시험대에 오른 예수님

"이 더러운 년! 꾸물거리지 말고 빨리 걸어!"

갑자기 날카로운 고함소리가 예루살렘의 아침을 갈라놓았다. 얼핏 보아도 종교 지도층에 속한 사람들인 것을 이내 식별할 수 있는 고상한 의상을 걸친 사람들이 흥분한 얼굴로 씩씩거리며 예루살렘 성전으로 다가오고 있었다. 거친 몸짓의 그들 사이에는 간음한 여인이 막 형장에서 이슬같이 사라질 죄인처럼 질질 끌려오고 있었다. 일행이 점점 다가오자 그들의 손에는 여인의 풀어헤친 긴 머리칼이 움켜져 있는 것이 보였다. 잔뜩 분노한 종교 지도자들은 여자의 머리카락을 잡고 마치 개처럼 질질 끌고 있었다.

갈기갈기 찢어진 옷 사이로 드러난 그녀의 양쪽 어깨는 눈부실 정도로 희었다. 잘못하면 그녀의 풍만한 가슴이 군중들에게 거의 노출될 것 같았다. 이따금 드러나는, 남자의 육체에서 거세게 뿜어져 나오는 육욕을 한껏 흡입한 여인의 하체도 주변 사람들, 특히 남자들의 시선을 끌기에 충분했다.

하지만 여인과 함께 향락을 즐기던 남자의 모습은 보이지 않았다. 상대 남자는 어디로 갔을까? 서기관과 바리새인들은 왜 남자가 도망가도록 그냥 두었을까? 아니면 의도적으로 남자를 빼돌렸던 것일까? 모세의 율법을 수호하는 자들이 스스로 모세의 율법을 파기하고 있는 것일까?

"예수여~!"

서슬 퍼런 목소리가 성전 뜰을 가득 메웠다. 성전에서 백성들을 가르치시던 예수님은 목소리가 울린 쪽으로 시선을 돌렸다.

"이 여자는 간음을 하다 현장에서 잡혔소. 모세는 율법을 통해 여자를 돌로 치라고 명하였소. 선생은 어떻게 말하겠소?"

여인을 끌고 온 서기관들과 바리새인들의 입가에는 득의양양한 미소가 물려 있었고, 눈에는 승리의 도취감이 가득했다. 마치, "예수여, 이번에는 당신이 빠져나갈 구멍이 없다"고 말하는 듯한 모습이었다.

여인은 군중들 앞에 내동댕이쳐 진 채 돌처럼 굳어 있었다. 여인의 어깨에서 시작된 가는 경련이 시간이 흐를수록 온 몸으로 확장되고 있었다. 이제 곧 무섭게 날아들 돌들과 그 돌에 맞아 피를 흘리며 쓰러져갈 자신의 모습을 상상이라도 하는 듯 여인의 표정과 육체는 시신처럼 차갑게 떨며 굳어져갔다.

내부의 그림자를 투사하는 사람들

서기관과 바리새인들, 그리고 그들과 동조한 사람들은 사실 자신의 내부에 있는 그림자(the shadow)를 여인에게 투사하고 있었던 것이다. 개인적으로나 집단적으로 내면의 그림자가 투사(projection)될 때처럼 위험한 때는 없다. 사람들은 여인의 눈 속에 든 티는 보면서 정작 자신들 눈의 들보—그림자—는 보지 못하는 소경들이었다! 주먹만한 들보를 눈에 붙이고 있어 전혀 앞을 볼 수 없는 위선자들에 대한 예수님의 경고는 투사의 위험성을 두고 한 말씀이기도 하였다.

사람들의 음흉한 의도를 간파한 예수님은 특별한 반응을 나타내지 않았다. 다만 간음하다 붙들린 여인의 공포에 질린 모습과 그녀를 고발하는 자들의 광기어린 얼굴을 번갈아 몇 번 바라보셨을 뿐이었다. 주변의 일대 혼란과 너무도 고요하고 침착한 예수님의 모습은 극명한 대조를 이루고 있었다. 잠시 후 예수님은 아무 말 없이 땅에 손가락으로 뭔가 글을 쓰셨다. 예수님과 여자 주변에 운집한 서기관과 바리새인들의 손에는 이미 크고 작은 돌들이 들려져 있었다.

"음욕을 품고 여자를 보는 자마다 마음에 이미 간음하였느니라." [18)

여인을 벼랑 끝으로 몰고 간 저들은 이미 두 가지 측면에서 자신 스스로를 벼랑 끝으로 내몰고 있었다. 레위기 2장 10절[19]의 관점에서 보면, 그들은 간부(姦夫)를 빼돌림으로써 하나님의 말씀을 편파적으로 적용하는, 즉 이미 모세의 율법을 먼저 어겼던 것이다. 다른 한 편으로 저들은 자신의 마음으로 수도 없이 지은 간음죄를 모두 여인에게 뒤집어씌우고 있었다. 그들이 그토록 격분한 것도 자신의 마음속에 있는 음욕을 그들 스스로가 깨닫고 있었기 때문이다. 누가 하나님 앞에서 자신만은 깨끗하다고 내세울 수 있을까?

"너희 중에 죄 없는 자가 먼저 돌로 치라."
"……"

돌을 든 종교 지도자들과 이들에 동조한 사람들은 일순 움찔했다. 그리고는 갑자기 돌처럼 굳어 멍하고 서 있었다. 예수님의 대답은 전혀 예상 밖이었다. 저들은 예수님이 그렇게 대답하실 줄은 꿈에도 생각을 못하고 있었다. 이들은 예수님이 여인을 돌로 치라 하면 이미 그 자체로 자신들에게 진 것이며 냉혹하다고 비난할 셈이었다. 반대로 돌로 치지 말라 하면 율법을 어겼다고 공개적으로 예수님을 재판할 심산이었다. 그런데, 예수님의 이런 반응은 저들로서는 꿈에도 생각지 못했던 것이었다. 흥분으로 들끓던 성전 뜰이 깊은 침묵 속에 잠겼다. 세상은 마치 시간이 정지한 것처럼 고요했다.

돌을 든 사람들의 손이 가늘게 흔들리기 시작했다. 양심의 가책이 사람들의 표정을 일그러뜨리기 시작했다. 돌처럼 굳어있던 사람들의 손에서 땀에 젖은 돌들이 땅 바닥으로 힘없이 "툭! 툭!" 떨어지기 시작했다. 사람들은 누가 먼저랄 것도 없이 비실비실하며 하나 둘씩 뒤로 물러서기 시작했다. 예수님은 다시 몸을 굽혀 땅 바닥에 글을 쓰셨다.

"죄 없는 자가 하나도 없구나. 누가 여인을 돌로 칠 것인가?"

"……"

"……"

예수님이 굽힌 몸을 일으켰을 때 성전 뜰에는 아무도 없었다. 사람들은 모두 달아나고 오직 예수님과 간음한 여인만이 남아 있었다. 여인을 고소했던 자들, 예수님을 올가미로 씌우려했던 자들은 부끄러운 양심을 내팽개친 채 어디론가 자취를 감추고 말았다. 이윽고 예수님이 여인에게 물으셨다.

"여자여, 너를 고발하던 자들이 어디 있느냐? 너를 정죄하는 자가 없느냐?"

예수님의 물음에 공포에 질려있던 여인은 그제야 정신이 드는 듯 옷매무새를 가다듬으며 자리에서 일어났다.

"주여, 없나이다."

"……"

"나도 너를 정죄하지 않는다. 가서 다시는 죄를 짓지 말라."

무너진 율법 종교

예수님의 권위 앞에서 모세의 권위는 무너져 내렸다. 아니, 모세의 권위라기보다는 모세의 권위를 빙자하여 자신들의 권위를 세우려던 종교 지도자들의 거짓된 권위와 위선이 땅바닥에 내동댕이쳐졌다. 예수님은 율법을 폐하기 위해서 오신 것이 아니라 율법을 완성하러 오셨다! 그 사건을 통해 예수님은 죄는 미워하시되 사람은 미워하지 않고, 죄를 지은 자를 오히려 긍휼히 여기시는 하나님의 아들이심임을 만 천하에 드러내셨다!

그 긍휼[20]은 곧 하나님의 자궁(the womb of God)이 아니던가? 함께 아파하시는[21], 인간이 떨쳐버릴 수 없는 근본적인 상처(original damage)인 죄와 그로인한 온갖 고통에 '함께 참여하시는' 하늘 아버지의 사랑이 아니었던가? 어느 여인이 자신의 자궁에서 난 자식을 긍휼히 여기지 않겠으며 사랑하지 않겠는가?

자궁의 부재는 여자의 정체성과 존재의 상실을 의미한다. 만일 하나님의 자궁이 부재한다면, 물론 그럴 수 없지만, 이는 하나님의 하나님 됨(God-ness)의 상실을 의미한다.

경계선

유대 종교 지도자들과 그들의 위선적인 가르침을 받는 사람들은 아직도 율법의 경계선(boundary of the law)을 넘어서지 못하고 있었다. 이들은 하나님을 올바로 예배하는 대신 자신들이 만든 경계선 안으로 하나님을 축소하고 제한하였으며, 이로 말미암아 자신들 또한 제한하고 있었다. 이들은 자신들이 친 경계선 밖으로 여인을 밀어냄으로써 동시에 자신들 또한 그 경계선 안으로 스스로 소외시켰다.

'경계'는 통합(oneness)을 창조하지 못한다. 오직 분리(separation)와 단편화(fragmentation)를 창조할 뿐이다. 결국은 경계선 안에 있는 자나 밖으로 밀려난 자나 모두가 소외당한다. 그들은 영안이 어두워 율법의 하나님은 알았으나 율법의 창시자이신 사랑의 하나님은 알지 못했다. 그들의 신앙은 자기중심적인 맹목적 신앙이었다.

율법의 완성

하나님은 사랑이시다. 율법의 완성은 사랑이다. 사랑의 하나님은 인간의 모든 허물을 덮는 사랑[22]으로 율법을 완성하셨다. 모세를 통해 율법을 주신 하늘 아버지는 이제 사랑하는 아들 예수를 보내어 사랑으로 그 율법을 완성하신 것이다. 그리고 예수님은 무조건적이고 차별 없는 하늘 아버지의 사랑을 간음 현장에서 잡힌 여인에게 적용하신 것이다. 그리고 그 사랑은 오늘 우리에게도 변함없이 적용되고 있다.

지금 세상에는 크고 작은 돌들이 빗발치고 있다. 거세게 날아다니는 돌들로 앞이 안 보일 정도이다. 분노에 차서 돌을 던지는 사람들, 그 돌을 맞는 사람들, 그리고 돌을 던지는 자들 역시 돌을 맞아 피를 줄줄 흘리고 있다. 그 가운데 서 있는 수많은 사람들의 손에, 그리고 나의 손에도 때로는 크고 작은 돌들이 들려져 있다. 하지만 오직 예수님의 손만이 돌이 들려져 있지 않은 빈손이다.

하나님의 용서를 수용하는 것, 그것이 곧 믿음이다. 죄의 깊이보다 더 깊은 하나님의 은혜를 받아들이는 것이 믿음이다. 만일 하나님의 사랑을 수용하지 못한다면 자신을 결코 수용할 수 없다. 이뿐 아니라 자기 안의 그림자를 밖으로 투사함으로써 다른 사람을 정죄함과 동시에 자신을 정죄함으로써 진정한 자기(the authentic self), 진정한 존재의 길을 걷지 못한다. 사람들은 자기 정죄의 벽 안에서 서서히 소멸해갈 뿐이다.

십자가 아래 선 여인

여인은 예수께서 달리신 십자가 아래 서 있었다. 물과 피를 쏟으며 고통 중에 "엘리 엘리 라마사박다니"하고 부르짖는 예수님의 절규는 그녀의 심장을 갈랐다. 가슴 위에 모은 여인의 두 손과 온 몸은 예수님의 몸처럼 경련을 일으키고 있었다.

십자가 아래서 떨고 서 있는 여인의 마음에 예수님의 음성이 들렸다. "나도 너를 정죄하지 않으니 너도 네 자신을 정죄하지 말라. 내가 십자가에서 흘리는 피는 영원토록 솟아나는 샘물처럼 영원토록 죄를 사하는 권세가 있느니라."

여인은 만나는 사람마다 이렇게 고백했다.

그때 나는 죽은 목숨이었습니다. 정죄의 벼랑에서 돌에

맞아 갈기갈기 찢겨지는 비참한 죽음을 맞을 뻔했습니다. 내 안에 똬리를 틀고 있던 육신의 정욕은 발산할 기회를 찾고 있었습니다. 어느 순간, 나처럼 욕정의 돌파구를 찾던 남자가 나를 끌어안고 내 몸을 탐닉할 때는 온 세상이 장밋빛이었습니다. 그러나 그것이 돌연 나를 죽음의 늪으로 이끄는 원인이 될 줄은 몰랐습니다.

모세의 율법은 나의 목을 조르고 있었습니다. 하지만 나는 그 전에 한 번도 만나보지 못했던 예수님을 만남으로써 제가 함정에 빠졌다는 사실을 깨달을 수 있었습니다. 사실 나는 예수님의 안전에 관해서는 눈꼽만큼의 관심도 없었습니다. 이제 곧 돌에 맞아 죽을 년이 그분에 대해 관심을 갖는다는 것이 우스꽝스럽지 않습니까?

하지만 시간이 흐르면서 상황은 바뀌었습니다. 나를 정죄하고 예수라는 분을 함정에 빠뜨린 종교 지도자들과 이들에 동조한 사람들은 슬머시 손에 든 돌을 떨어뜨리고 하나 같이 줄행랑을 놓았습니다. 헝클어진 내 몸, 죽음의 공포에 질려 있던 내 몸은 땀에 흠뻑 젖어 있었습니다. 그때 나지막하게 들려오는 사랑의 음성이 있었습니다.

"나도 너를 정죄하지 않노니 가서 다시는 죄를 짓지 말라!"

나는 더 이상 정욕의 포로가 되어 내 인생을 소비할 수 없었습니다. 나중에 알게 된 사실이지만, 메시아이신 그분이 나를 죄와 정욕에서 해방시키셔서 하나님 나라의 복음을 위해 살도록 하시기 위해 죽음의 현장에 찾아오셨다는 사실, 나처럼 죽음의 현장에 놓여 있거나 놓일 수 있는 죄인들에게도 찾아 가신다는 사실을 깨달았습니다.

나는 이제 더 이상 나를 정죄하지 않습니다. 하나님의 아들이신 예수께서 정죄하지 않은 나를 왜 스스로 정죄하겠습니까? 나는 십자가에 달리신 그분의 의로운 죽음을 보았습니다. 그리고 정말이지 며칠 후에 살아나셨다는 기쁜 소식을 전해 들었습니다. 나는 지금 그분을 기억하며 그분의 사랑을 손톱만큼이라도 전하기 위해 살아가고 있습니다. 그분이 다시 세상에 오실 날을 고대하며… 그분만이 내 인생의 유일한 희망이십니다.

누구라도 예수님이 필요하신 분들은 삶의 현장에서 예수님을 찾으십시오. 자신의 삶의 현장으로 그분을 초대하십시오. 특히 죄의 문제로 고민하는 분들은 그분을 찾으십시오. 어떤 죄도 사해주시는 그분의 변함없는 풍성한 사랑이 여러분에게 허락될 것입니다.

1. 스스로를 정죄하는 것은 우리를 벼랑으로 내몬다.

사람들 가운데는 자신이 지은 죄 때문에 죄책감으로 괴로워하는 사람들이 많다. 죄가 들통 나 다른 사람들로부터 정죄를 받는 것도 힘든 일이지만, 더 심각한 것은 스스로를 정죄하여 벼랑으로 내모는 일이다. 스스로에 대한 정죄는 자기 가치체계를 허물어뜨려 만성적 우울증, 삶의 의욕 상실, 그리고 극단적으로는 자살로까지 내모는 경우를 흔히 볼 수 있다.

2. 타인에 대한 정죄는 우리 내면의 그림자를 투사하는 과정이다.

서기관과 바리새인들, 그리고 그들과 동조한 사람들은 사실 자신의 내부에 있는 그림자를 여인에게 투사하고 있었던 것이다. 개인적으로나 집단적으로 내면의 그림자가 투사될 때처럼 위험한 때는 없다. 사람들은 여인의 눈 속에 든 티는 보면서 정작 자신들 눈의 들보(그림자)는 보지 못하는 소경들이었다.

3. 하나님의 사랑을 통해 우리는 비로소 자신과 화해할 수 있다.

하나님의 용서를 수용하는 것, 그것이 곧 믿음이다. 죄의 깊이보다 더 깊은 하나님의 은혜를 받아들이는 것이 믿음이다. 만일 하나님의 사랑을 수용하지 못한다면 자신을 결코 수용할 수 없다. 이뿐 아니라 자기 안의 그림자를 밖으로 투사함으로써 다른 사람을 정죄함과 동시에 자신을 정죄함으로써 진정한 자기, 진정한 존재의 길을 걷지 못한다.

IV
이웃의 재발견

율법사, 이웃에 대한 무관심으로 자기 상실의 벼랑에 선 사람

"너도 가서 이와 같이 하라" (눅 10: 25~37)

사람은 누구나 자신을 보존하기 위해 안간힘을 쓴다. 그러나 인간은 애초에 '관계의 존재'(The related Self)로 지음 받았기 때문에 이웃에 대한 관심과 관계없이는 살 수가 없다. 사람들은 이웃 보존을 떠난 자기 보존은 결국 자기 상실이란 결과를 낳고 만다는 사실을 잘 모른다. 그리고 이웃 없이 살려고 하는 사람은 자신이 자기 상실의 벼랑에 서 있다는 사실을 까마득히 모른다.

승천하실 날이 다가옴에 따라 예수님은 예루살렘으로 올라가시려고 했지만 그 길은 순탄치 않았다. 사마리아인들이 예수님 일행의 사마리아 통과를 허용치 않아 불가불 다른 마을을 경유해야 했기 때문이다.

하지만 뜻밖에 예수님의 방문을 받은 마을은 횡재를 했다. 예수님은 그곳에서 70인의 제자를 세우신 후 전도를 위해 그들을 파송하셨고, 그 마을에서 역사하던 귀신들이 쫓겨나는 이적이 일어났기 때문이다. 실로 하나님께서 하시는 일은 인간의 좁은 생각으로 판단할 수 없다는 진리가 다시 한 번 증명되었다고 할 수 있을 것이다.

시험 당하는 예수님

사람은 이기적인 동물이다. 대부분의 사람들은 항상 자신의 이익을 우선시하며 자신과 관계가 없는 이웃의 필요와 고통에는 무관심하기 일쑤다. 인간의 이런 이기심은 천지가 개벽하지 않는 한 영원불변할지도 모른다. 이는 인간의 원죄의 산물이기 때문이다.

한 율법사가 예수께 나아와 영생을 얻는 문제와 관련해 예수님을 시험했다. 실로 가관이다. 일개 율법사가 율법을 창시하신 분을 시험하다니! 하지만 그런 사람이 어디 그 율법사뿐이겠는가? 우리 역시 신앙이라는 명분으로 하나님을 시험하는 일이 비일비재하지 않는가? 자신의 구미대로 하나님을 이용하고 조종하는 어처구니없는 일들이 주변에서 얼마나 자주 일어나는가?

이웃에 대한 무관심으로 자기 상실의 벼랑에 선 율법사가 예수님께 질문을 던졌다.

"선생님, 내가 무엇을 해야 영생을 얻으리이까?"

이런 질문을 한 율법사는 과연 진심으로 영생에 관심이 있는 사람일까? 영생을 힘써 추구하는 사람일까? 만일 그렇다면 굳이 예수님을 찾아와 시험할 까닭이 있었을까? 율법에 도통한 율법사라면 이미 율법을 통해 영생을 얻는 길을 터득하고 있지 않았겠는가? 배우고자 하는 제자가 가르치는 스승을 시험대에 올리는 경우가 있는가? 그런 일은 일어나지도 않고 있을 수도 없다. 그렇다면 그는 왜 영생과 관련해 예수님을 시험대에 올렸을까?

누가 이웃인가

그의 논지는, 율법은 하나님과 이웃을 사랑하라고 가르치고 있지만 이웃이 누구인지에 대한 구체적인 정의가 없기 때문에 이웃을 사랑하지 못한 것은 자신의 책임이 아니라는 것이었다. 일견 그럴듯하게 들리지만 어처구니없는 변명이다. 하지만 율법사는 이 문제를 통해 예수님을 시험하려는 것이었다. 과연 예수님은 율법사에게 명쾌하게 이웃을 정의하실 수 있을까? 그럼으로써 영생의 길을 확실하게 보여주실 수 있을까?

예수님은 선한 사마리아인의 비유를 통해 누가 진정한 이웃이며 어떻게 영생에 이르는 지를 명쾌하게 제시하셨다.

강도 만난 사람

예루살렘에서 여리고로 내려가는 길은 가파르고 좁았다. 게다가 이따금 떼강도까지 출몰해 물건뿐만 아니라 생명까지도 빼앗아가는 일이 비일비재한 공포의 길이었다.

"날이 어두워지기 전에 얼른 이곳을 빠져나가야 해!…" 나그네의 얼굴은 초조한 빛이 역력했다. 하지만 그의 바람과 달리 인적 없는 길은 기분 나쁜 고요와 침묵이 짙게 깔려 있었다. 나그네는 불안감에 좇기며 당나귀의 엉덩이에 채찍질을 가했다.

그러나 그의 간절한 바람은 수포로 돌아가고 말았다. "휘~익"하는 바람을 가르는 소리를 일순 들었는가 싶은 순간, 그의 몸은 이미 나귀에서 떨어져 땅바닥을 나뒹굴고 있었다. 이어 나타난 강도들의 발길과 매질에 나그네는 둔탁한 신음을 내지르며 정신을 잃고 말았다.

얼마나 지났을까? 격렬한 통증에 자신도 모르게 신음을 내뱉으며 나그네는 정신이 돌아왔다. 가까스로 눈을 떠보니 당나귀와 자신의 짐은 이미 어디론가 사라지고 없었다. 정신을 차리니 온 몸을 관통하는 육체의 고통이 견딜 수 없을 정도였다. 갑자기 죽음의 공포가 그를 온통 엄습했다.

기회의 섭리

바로 그때였다. 정말 다행스럽게도 유대인 제사장 한 명이 '마침' 그 길로 접어들고 있었다. 묵묵히 길을 내려오던 제사장은 어디선가 낮은 신음소리가 나는 것을 들었다. 제사장은 호기심 때문에 신음소리가 나는 곳으로 방향을 틀었다. 그런데 이게 웬일인가? 그곳에는 한 남자가 피투성이가 된 채 죽어가고 있는 것이 아닌가? 그 남자는 신음소리조차 낮고 가늘었다. 제사장은 정신이 번쩍 들었다.

"어이쿠! 이게 무슨 일이람! 큰일이군! 잘못하면 나도 저 꼴을 당하겠군!"

본능적으로 생명의 위협을 느낀 그는 강도 만난 사람은 안중에도 없이 '걸음아 날 살려라' 줄행랑을 치고 말았다. 물론, 도망치는 순간 "그래도 네가 하나님의 사람이냐?" 라는 양심의 소리를 들었으나, "나는 부정한 시체를 만져서는 안 될 거룩한 제사장이야!" 라는 또 다른 이기적인 목소리가 양심의 소리를 짓눌러 버렸다. 하지만 그는 '마침' [23]이 바로 '기회의 섭리' [24]임을 전혀 깨닫지 못하고 있었던 것이다.

하나님은 우리에게 이웃을 섬길 수 있는 섭리의 기회를 부여하신다. 그러나 우둔한 우리는 그 기회를 쉽게 놓치고 만다. 우리의 어리석음은 버나드 쇼의 묘비에 쓰인 비문처럼[25] 결단을 내리지 못하고 늘 '우물쭈물' 하기만 한다. 강도 만난 제사장에게 있어 '마침' 은 기회의 순간이었다. 그러나 그는 하나님께서 부여하신 이웃을 섬길 수 있는 소중한 기회를 놓치고 말았고, 이웃을 잃어버린 그는 결국 자신도 잃고 말았다. 이는 강도 만난 사람을 그냥 지나쳤던 다른 레위인도 마찬가지였다.

이제 강도 만난 사람에게는 아무런 희망이 없었다. 누군가가 도와주지 않는다면 그가 살 수 있는 가능성은 전혀 없었다. 그는 죽음의 골짜기에서 쓸쓸히 객사할 것이 분명했다. 하지만 하나님의 섭리는 실로 오묘하다. 바로 그때, 유대인들로부터 개 취급을 당하는 사마리아 사람이 마침 이 길로 내려오고 있었다. 미미한 신음 소리를 들은 그는 그 소리가 나는 곳으로 다가갔다. 그곳에는 제사장과 레위인이 만났던 바로 그 강도 만난 사람이 쓰러져 있었다.

하지만 앞의 두 사람과 달리 사마리아인의 반응은 달랐다. 그는 즉시 강도 만난 사람에게 달려들어 응급조치를 시작했다. 만일의 경우를 대비해 준비해 온 기름과 포도주를 환자의 상처에 붓고 일단 옷을 찢어 상처를 싸맸다. 그리고는 자신이 타고 온 당나귀의 등에 강도 만난 사람을 실은 다음 가장 가까운 주막을 향해 걸음을 재촉했다. 주인으로부터 간신히 방 한 칸을 얻은 그는 그날 밤 침침한 등잔불 아래서 한 숨도 자지 못하고 밤새 뜬눈으로 부상자를 돌보아 주었다. 고열에 시달리던 환자는 새벽녘이 되어서야 열이 떨어지면서 호흡이 안정되었다.

미리 잡혀 있던 여행 계획을 변경할 수 없었던 그는 주인에게 환자를 부탁했다.

"일을 마치고 내가 반드시 되돌아 올 터이니 환자를 잘 돌봐 주시오. 그리고 추가되는 비용은 내가 돌아와 지불하리다."

사랑은 책임을 수반한다. 책임 없는 사랑은 상대방으로부터 받으려고만 하는 이기적인 사랑이다. 선한 사마리아인은 강도 만난 이웃에 대해 책임지는 사랑을 보였다.

예수의 말씀을 듣고 있던 율법사는 마침내 피할 수 없는 질문을 받았다.

"네 생각에는 이 세 사람 중 누가 강도 만난 자의 이웃인가?"

"자비를 베푼 자입니다."

"너도 가서 이와 같이 하라."

"……"

관점의 변화

율법을 가르치는 교사는 앞서 "내 이웃이 누구입니까?" 또는 "누가 나에게 이웃이 되어 주겠습니까?" 하고 예수님께 질문했다. 이 질문의 중심은 이웃에게 있는 것이 아니라 자기 자신에게 있었다. 그러나 예수님은 "누가 강도 만난 자의 이웃이 되겠느냐?" 혹은 "누가 강도 만난 자에게 이웃이 되어 주었느냐?" 라고 질문의 중심을 바꾸셨다. 이 질문은 그 중심이 내게 있는 것이 아니라 나의 도움을 필요로 하는 이웃에게 놓여 있다.

인생의 벼랑에 선 사람은 비단 강도 만난 자만은 아니었다. 강도를 만난 이웃―어려움이나 고통을 당하는 주변 사람들―에게 무관심함으로써 오히려 자기를 잃은 제사장과 레위인 역시 인생의 벼랑에 선 자들이었다. 그리고 그 속에는 우리 자신도 끼어 있다. 이웃을 잃는 자는 자신도 잃고 결국에는 하나님마저 잃는다.

제사장과 레위인 그리고 우리는 이웃을 찾아야 한다. '이웃이 누구냐' 하는 이론적 해답이 아니라 우리 주변에서 웃고 웃으며 동고동락하는 '이웃' 자체를 찾아야 한다. '자신에게 이웃 되는 자기 자신' 곧 자기중심(self centeredness)의 삶이 아닌, '다른 사람에게 이웃되는 자기 자신' 곧 이웃 중심의 삶(other people orientedness)을 추구해야 한다.

영혼의 성(城)

물론 그렇게 되기까지에는 어느 정도 시간이 걸린다. 우리는 묵상(meditation)과 관상(contemplation)을 통해 자기(the self)라는 존재의 중심에 다다를 수 있다. 성 테레사가 〈영혼의 성〉(Interior Castle)에서 밝힌 것처럼, 내면의 중심에 있는 자기(the self)에게 도달한다면[26] 관상적인 사랑(contemplative love)과 섬김의 삶[27]으로 나아갈 수 있다. 하나님을 사랑하고, 자신을 사랑하고, 이웃을 사랑하는 온전한 삶(wholistic life)을 향해 힘찬 발걸음을 내디딜 수 있다.

율법사는 고백한다.

나는 지금까지 수많은 이웃을 잃은 채 살아왔다. 하지만 내가 잃은 것은 단순히 이웃만은 아니었다. 나는 사실은 나 자신을 잃었던 것이다. 이웃을 잃은 자는 자신도 잃는다. 나는 이웃에 대한 무관심의 벼랑에 서 있는 나 자신을 깨닫지 못했다. 내가 추구한 영생은 공허한 환상에 불과했다.

인생의 벼랑에서 극적으로 만난 예수님은 내게 영생에 이르는 길을 보여주셨다. 나는 이제 내 이웃이 누구인지

안다. 하나님 나라, 곧 영생이 어떻게 내 삶 속으로 들어
오게 되는지 안다. 하나님에 대한 맹목적인 사랑이 아닌,
나의 도움을 필요로 하는 이웃에 대한 헌신적인 사랑
(transpersonal love)이 곧 하나님을 사랑하는 것이며, 영생
은 그 사랑의 문을 통해 내 안으로 들어온다는 것을 깨달
았다. 나는 잃었던 이웃을 찾았고, 그럼으로써 나 자신과
하나님을 찾았다.

1. 우리는 이기적인 존재들이다.

사람은 이기적인 동물이다. 대부분의 사람들은 항상 자신의 이익을 우선시하며 자신과 관계가 없는 이웃의 필요와 고통에는 무관심하기 일쑤다. 인간의 이런 이기심은 천지가 개벽하지 않는 한 영원불변할지도 모른다. 이는 인간의 원죄의 산물이기 때문이다.

2. 이웃에 무관심한 우리의 이기심은 결국 우리 자신을 벼랑으로 몰아간다.

인생의 벼랑에 선 사람은 비단 강도 만난 자만은 아니었다. 강도를 만난 이웃(어려움이나 고통을 당하는 주변 사람들)에게 무관심함으로써 오히려 자기를 잃은 제사장과 레위인 역시 인생의 벼랑에 선 자들이었다. 그리고 그 속에는 우리 자신도 끼어 있다. 이웃을 잃은 자는 자신도 잃고 결국에는 하나님마저 잃는다.

3. 하나님 나라는 이웃 사랑을 통해 이루어진다.

인생의 벼랑에서 극적으로 만난 예수님은 내게 영생에 이르는 길을 보여주셨다. 나는 이제 내 이웃이 누구인지 안다. 하나님 나라, 곧 영생이 어떻게 내 삶 속으로 들어오게 되는지 안다. 하나님에 대한 맹목적인 사랑이 아닌, 나의 도움을 필요로 하는 이웃에 대한 헌신적인 사랑이 곧 하나님을 사랑하는 것이며, 영생은 그 사랑의 문을 통해 내 안으로 들어온다는 것을 깨달았다.

V

참다운 신앙

삭개오, 소외와 외로움의 벼랑에 선 사람

"오늘 구원이 이 집에 이르렀으니" (눅 19:1~10)

탐욕 때문에 어떤 형태로든 이웃 혹은 이웃의 재물을 강탈하는 사람, 즉 이웃을 소외시키는 사람은 역으로 그 이웃으로부터 반드시 소외당한다. 소외는 고독(solitude)과는 다르다. 고독은 성장과 성숙을 위한 홀로 있음, 즉 자발적인 외로움이다. 하지만 소외는 외부로부터 주어지는 것이다. 소외는 외로움(loneliness)을 동반하며 소외된 자는 외로움에 함몰되어 정신적 죽음의 벼랑으로 스스로를 내몰게 된다.

하늘을 찌를 듯 키 큰 종려나무들이 여리고를 감싸고 서 있었다. 길가의 다채로운 꽃들과 탐스런 열매들은 여리고의 풍요를 한층 더 돋보이게 만들었다. 여리고에 가까워질수록 예수님과 제자들은 종려나무에서 뿜어져 나오는 맑고 시원한 공기를 맘껏

들이킬 수 있었다. 한때는 그야말로 철옹성이었던 여리고! 수많은 부족들의 부러움과 정복의 대상이었고, 한 때는 하삐루들에게 정복당해 초토화되기도 했었다. 하지만 이제는 과거의 부침을 모두 걷어낸 채 여리고는 말쑥한 이미지로 사람들에게 다가서고 있었다.

여리고로 들어서신 예수님은 마치 그곳에는 아무 볼 일도 없으시다는 듯 무심히 '지나가셨다'. 그러나 이는 겉으로 보기에만 그렇게 보일 뿐이었다. 그 이후의 사건을 보면 지나가시는 것이 그냥 지나가시는 것이 아니었음이 명약관하하게 드러난다.

로마의 권력에 빌붙어 동족의 늑골을 빨아먹고 있던 세리장(稅吏長) 삭개오. 그는 소문을 통해 이미 예수님을 알고 있었다. 하지만 감히 그분을 만나 볼 엄두는 내지 못하고 있었다. 자신이 어떤 짓을 해왔는지를 잘 알고 있던 그로서는 언감생심 예수님의 얼굴을 대면할 염치가 없었다. 게다가 예수님 주변에는 늘 사람이 많았는데, 그런 곳에 공공연히 자신을 드러내었다가는 적개심을 품은 동족들로부터 무슨 봉변을 당할지 모르는 일이었다.

하지만 그러면 그럴수록 예수님을 단 한 번만이라도 만나고 싶다는 소망은 더욱 간절해졌다. 원래 사람이란 동물이 한 번 호기심에 사로잡히면 어떻게든 그 욕구를 해소하고자 하는 집요함을 갖고 있는 존재가 아니겠는가? 예수님이 여리고에 오셨다는 소식은 삭개오의 그런 욕망이 폭발하는 도화선이 되고 말았다.

돌무화과 나무 위로

예수님을 포위하듯 둘러싼 군중의 숲을 뚫고 예수님의 얼굴을 본다는 것은 애시당초 불가능해 보였다. 더욱이 삭개오는 키가 작은데다가 감히 군중을 헤치고 들어갈만큼 떳떳한 처지도 되지 못했기 때문이었다. 삭개오로서는 말 그대로 좌절이었다. 예수님의 얼굴을 단 한 번만이라도 보고 싶다는 자신의 소원은 도저히 실현이 불가능해 보였다.

하지만 '궁하면 통한다'고 했던가? 낙담해 주저앉아 있던 삭개오의 머릿속에 갑자기 섬광처럼 스치고 지나가는 묘책이 있었다. 홍분한 삭개오는 예수님이 지나갈 길목에 서 있는 돌무화과 나무 위로 기어 올라가기로 마음을 먹었다. 하지만 그 일 역시 쉬운 일은 아니었다. 남보다 훨씬 키가 작은 삭개오가 버둥거리며 나무 위로 기어오르는 모습은 말 그대로 한 편의 코미디였다. 삭개오는 그 코미디의 주연이 바로 자신이라 생각하니 서글퍼지기도 했지만 그래도 그런 용기를 낸 자신이 퍽이나 가상키도 했다.

땀을 뻘뻘 흘리며 간신히 나무 위로 올라간 삭개오는 한숨을 돌리며 생각했다. 이제 나뭇잎으로 자신을 감춘 채 나무 밑으로 지나가는 예수님의 모습을 볼 수 있을 것이라고. 그런 기대감이 삭개오의 몸을 떨리게 만들었다. 가슴이 쿵쾅거리고 몸속의 피는 엄청나게 빠른 속도로 혈관을 굽이쳤다.

하지만 삭개오의 예상은 완전히 빗나갔다. 나무 아래에 도착한 예수님은 갑자기 발걸음을 멈추셨다. 그리고는 나무 위를 올려다보셨다. 순간 너무 놀란 삭개오의 심장은 그대로 멈춰버렸다. 삭개오는 숨조차 쉴 수 없었다. 정확히 삭개오를 응시한 채 예수님은 여리고 성에 입성하신 후 처음으로 입을 열었다. 바로 이 순간을 기다리고나 있으셨던 것처럼.

"삭개오야, 속히 내려오라. 내가 오늘 네 집에 머물리라!"

지금까지 어느 누구도 자신의 집에 머물겠다고 한 적이 없었다. 머물기는커녕 잠시 방문이라도 하겠다는 사람조차 없었다. 삭개오의 집에 사람들의 발길이 끊어진 지는 한참 되었다. 그만큼 삭개오와 동족 사이의 벽은 높았다.

사실 삭개오에게 있어 삶은 삶이 아니었다. 이웃과의 철저한 단절은 자신의 도덕성 상실에 대한 대가였다. 세속적인 지위와 축적된 부에도 불구하고 그는 인생의 벼랑 끝에 서 있었다. 내면적으로 삭개오가 그토록 예수님을 만나고 싶어 했던 것은 이런 감춰진 동인이 있었기 때문이었다. 철저한 소외와 절망적인 죄책감, 그에 따른 왜곡된 자아와 비뚤어진 시선, 자아에 대한 혐오감 등이 뒤섞여 삭개오는 본능적으로 탈출구를 찾고 있었다. 그리고 어렴풋이나마 예수님이 그런 자신에게 탈출구를 제시해 줄 수 있는 유일한 인물이라는 것을 예감했던 것이다. 그렇지 않고

서야 그토록 예수님을 만나보고 싶어 할 이유가 없었던 것이다.

그런데 이게 무슨 일인가? 숨어서 그저 지나가는 모습을 보는 것만으로도 충분하다고 생각했던 예수님인데, 그분이 지금 자신을 똑바로 쳐다보면서 자신의 집에 머물겠다고 하시는 것이 아닌가? 삭개오는 순간 자신의 귀를 의심했다. 동족들에게 철저히 외면당해왔던, 그리고 스스로 외면당할 수 밖에 없는 일을 해왔던 자신인데, 지금 예수님은 인생의 벼랑에 서 있는 자신에게 널 받아주겠다고 말하고 계신 게 아닌가? 이건 꿈이 아니고는 도저히 일어날 수 없는 일이었다.

식탁친교

예수님의 식탁친교(the table fellowship)는 하나님의 차별 없는 사랑을 극적으로 나타내신 것이다. 예수님은 서기관과 바리새인들이 비난한 것처럼 음식을 탐하는 자가 아니었다. 죄인들과 함께 식탁에 앉으신 예수님, 그분은 모든 죄인을 구원하러 오신 구세주이셨다! 하나님의 구원하시는 사랑을 증거(demonstration)하기 위해 오신 메시아였다! 그러므로 그분의 식탁친교는 죄인들과의 관계를 회복하시는 '사랑의 애찬'(agape meal)이자 코이노니아(Koinonia)[28]였던 것이다.

삭개오는 가슴이 터질 것만 같았다. '예수님이 나를 받아주셨다!'는 생각은 수만 볼트의 전류에 감전된 것처럼 온 몸을 저릿저릿 훑고 지나갔다. 감당이 안 될 정도의 벅찬 감동은 삭개오의 모든 생각을 정지시켰다. 미끄러지듯 황급히 나무에서 내려온 삭개오는 예수님을 자신의 집으로 영접했다. 아니, 영접을 했다기보다는 예수님의 영접(acceptance)을 받았다.

하늘에서 온 선물

삭개오가 돌무화과 나무에서 '내려오기' 전('내려오다' 라는 의미의 헬라어 '카타바이노' 는 '하늘로부터 내려온 선물' (gift from heaven)이라는 뜻이다), 그를 만나기 위해 하나님의 아들 예수는 하늘의 영광을 버리시고 종의 몸을 입은 채 이 땅으로 내려오신 것(예수님은 하늘에서 내려온 구원의 선물이다)이다. 예수님은 구원을 바라는 모든 사람들에게 하나님이 내려 주신 구원의 선물이다. 따라서 그 선물을 받고 싶은 자는 자기만족(self-satisfaction)이라는 교만의 나무에서 내려와야 한다. 자신의 지위, 명예, 성공, 그리고 탐욕의 나무에서 겸손히 내려와야만 그 선물을 받을 수 있다.

삭개오는 한껏 들뜬 기분으로 발 씻을 물을 손수 떠 오는가 하면, 예수님의 머리에 정성껏 기름을 부었다. 예수께서 잠시 쉬시는 동안, 부엌으로 뛰쳐나가 분주하게 식탁을 준비했다. 그날은 집안의 하인들에게만 그 일들을 맡길 수 없었던 것이다.

유대 사회 지도층에 속한 종교적 위선자들은 '죄인의 집' 에 들어가신 예수님을 한껏 비난했다. '의인을 부르기 위해 오신 것이 아니라 죄인을 불러 회개시키기 위해 오신 예수' [29]를 그들은 이해하지 못했다. 그들은 천국 문에서 멀리 떨어져 있는 자들이었다. 스스로 천국 문에 가까이 있다고 생각하는 자는 멀리 떨어져 있었고, 멀리 있다고 생각한 자들이 오히려 가까이 있었음을 그들이 어찌 알았겠는가?

그날 삭개오의 집은 구원을 받았다[30]. 삭개오는 자신의 소유 가운데 절반을 가난한 자들에게 나눠 주었고, 그동안 부당하게 거둔 세금을 네 배로 갚는 일을 서슴지 않았다[31]. 회개와 구원은 이처럼 강렬하다! 삭개오를 지배하고 있던 '재물의 탐욕'은 추방당했다. 그는 회개의 열매를 맺었다. "주머니가 회개하기까지는 진정한 회개가 아니다"고 웨슬리가 말한 것처럼, 신앙이란 뜬구름 위의 공중누각이 아니다. 아무런 결단과 실천 없이 개인 구원만을 자위(自慰)하며 자신이 만들어낸 안락한 천국 의자에 걸터앉아 조는 병적인 나르시시즘(pathological narcissism)이 결코 아니다. 진정한 신앙은 살아있는 행동이다. 그것은 예수님과의 깊은 실존적 만남(existential encounter in depth)을 통해서만 가능하다.

삭개오는 재물에 대한 탐욕 때문에 한때는 동족으로부터 버림을 받고 소외와 외로움의 벼랑에 선 인물이었다. 그러나 이제는 자신이 먼저 버렸던 동족과 이웃을 기꺼이 껴안음으로써 자신 역시 동족과 이웃들로부터 껴안음을 받았다. 사람은 홀로 존재할 수 없다. 이웃과 연대(solidarity)하는 삶이 진정한 삶이며, 그렇게 살아가는 사람이 참으로 실존하는 사람이다.

이후 삭개오는 황혼녘이 되면 마치 무슨 약속이나 한 듯 돌무화과 나무로 갔다. 그리고는 한동안 나무를 어루만지며 이렇게 속삭였다.

"넌 내가 예수님을 만날 수 있도록 만들어 준 나의 은인이자 영원한 친구야!"

그는 고백했다.

나는 내 자신을 지옥의 구렁텅이로 이끄는 탐욕의 벼랑 끝에 아슬아슬하게 매달려 있었다. 탐욕은 내 동족의 고통에 대해 내 눈을 닫게 했을 뿐 아니라, 그들의 땀을 착취함으로써 그들의 고통을 가중시켰다. 그들의 고통을 담보로 나와 내 가족은 축적된 재물을 갖고 안정을 보장받을 수 있었다.

그런데도 내 마음 한켠에는 뭐라고 설명할 수 없는 빈 공간이 있었다. 영혼의 목마름이라 표현해도 될 것 같다. 그렇게 시간을 보내고 있을 때, 예수라는 분의 소문이 귀에 들어왔다. 이후 내 마음은 한 번도 보지 못한 그분을 향해 달음질하고 있었다. 그러던 어느 날, 예수님이 우리 마을을 지나가신다는 소문을 듣고 나는 만사를 제쳐놓고 거리로 뛰쳐나갔다.

하지만 그분을 둘러싸고 있는 군중을 뚫고 들어가 그분의 얼굴을 볼 용기는 없었다. 나는 이미 동족들에게 원수로 낙인 찍혀 있었기 때문이다. 그들이 내게 무슨 짓을 할지 나로선 알 수 없었다. 또 다른 문제는 내 키가 너무

작아 군중들 너머로 그분의 모습을 볼 수 없었다는 것이
다. 그래서 나는 궁여지책으로 돌무화과 나무 위로 올라
가기로 마음먹었다. 멀찌감치서라도 그분의 얼굴을 볼
수 있을 것이라는 기대감을 품고.

그런데 그분은 내가 올라가 있던 바로 그 나무 아래로 오
셨다. 예수님이 나를 올려다보실 때, 그분을 뒤따르던 군
중들도 나를 보았다. 내 모습은 동물원의 원숭이 같았지
만 난 그런 사실조차 의식하지 못했다. 단 한 번도 나를
만난 적이 없는 예수님이 내 이름을 부르시며 나무에서
내려오라고 하셨던 것이다. 뿐만 아니라 우리 집에 머무
르시겠다고 말씀하셨던 것이다.

나는 강한 전류에 감전된 사람처럼 넋이 나가 나무에서
내려왔다. 나는 예수님께 큰 절을 하고 집으로 그분을 모
셨다. 그분은 특별한 말씀을 하시지 않았지만 나는 그분
앞에서 벌거벗겨진 것처럼 아무 것도 감출 수 없었다. 나
의 모든 것이 그분 앞에서 적나라하게 그대로 드러났다.
나는 태어나서 처음으로 진심으로 회개했다. 나의 모든
죄를 그분 앞에 자복했다. 그리고 축적한 재산의 절반을
가난한 자들에게 나눠주고 토색한 자들에게는 레위기 법
에 따라 4배씩 갚겠다고 약속하고 실천했다. 이 일과 관
련해서는 그 누구와도 상의하지 않았다. 아내와 자식들
도 그런 나의 결정을 흔쾌히 받아들였다.

"오늘 이 집에 구원이 이르렀노라"는 예수님의 말씀이 그대로 실현되었다! 사실 구원은 내가 나무에서 내려올 때 이미 시작된 것이나 다름없었다. '내려오다' 는 의미의 '카타바이노' 라는 말 자체가 '하늘에서 내려온 선물' (a gift from heaven)이라는 뜻이니 말이다. 나와 우리 가정은 예수님을 만나서 하늘에서 내려온 구원을 선물로 받았다.

나는 탐욕의 벼랑, 이웃으로부터 버림받은 소외와 외로움의 벼랑에서 끝없이 추락할 뻔하다 예수님을 만나 구원을 얻었다. 예수님이 아니었다면 나는 틀림없이 인생의 벼랑에서 지옥의 나락으로 떨어졌을 것이다. 나의 구원자 되신 예수님을 나는 목숨이 다하는 그 순간까지 찬양할 것이다.

1. 소외는 정신적 죽음을 가져온다.

이웃을 소외시키는 사람은 역으로 그 이웃으로부터 반드시 소외 당한다. 소외는 고독과는 다르다. 고독은 성장과 성숙을 위한 홀로 있음, 즉 자발적인 외로움이다. 하지만 소외는 외부로부터 주어지는 것이다. 소외는 외로움을 동반하며 소외된 자는 외로움에 함몰되어 정신적 죽음의 벼랑으로 스스로를 내몰게 된다.

2. 예수님의 식탁친교는 하나님의 사랑을 극적으로 드러낸 것이다.

예수님의 식탁친교는 하나님의 차별 없는 사랑을 극적으로 나타내신 것이다. 죄인들과 함께 식탁에 앉으신 예수님, 그분은 모든 죄인을 구원하러 오신 구세주이셨다! 하나님의 구원하시는 사랑을 증거하기 위해 오신 메시아였다! 그러므로 그분의 식탁친교는 죄인들과의 관계를 회복하시는 '사랑의 애찬' 이자 코이노이아였던 것이다.

3. 연대하는 삶이 진정한 삶이다.

삭개오는 재물에 대한 탐욕 때문에 한때는 동족으로부터 버림을 받고 소외와 외로움의 벼랑에 선 인물이었다. 그러나 이제는 자신이 먼저 버렸던 동족과 이웃을 기꺼이 껴안음으로써 자신 역시 동족과 이웃들로부터 껴안음을 받았다. 사람은 홀로 존재할 수 없다. 이웃과 연대하는 삶이 진정한 삶이며, 그렇게 살아가는 사람이 참으로 실존하는 사람이다.

VI
예수님을 감동시킨 모성애

가나안 여인, 흑암의 세력에 의해 파괴의 벼랑에 선 사람

"네 믿음이 크도다 네 소원대로 되리라" (마 15:21~28)

21세기의 우리는 과학적이고 합리적인 세계 안에 사는 것 같지만 실상은 그렇지 않다. 과거나 지금이나 너무도 많은 사람들이 흑암의 세력에 의해 삶이 파괴된 채 인생의 벼랑에 서 있다. 그런 측면에서 우리가 살고 있는 세계는 단순히 물리적인 세계만은 아니다. 물질 이면에 존재하는, 어떤 영적인 질서에 의해 움직이는 또 다른 세계는 분명히 존재한다.

게네사렛에서 있었던 한바탕 논쟁은 장로들의 전통을 중시하는 바리새인과 서기관들의 참패로 일단락 된 것처럼 보였다. 하지만 불씨는 여전히 남아 있었다. 언제 이 논쟁이 또 다시 불붙게 될 지는 아무도 예상할 수 없지만, 바리새인과 서기관들의 교만한 가슴에 남은 불씨들은 재 점화될 기회만을 노리고 있었다.

평소에는 맑고 잔잔한 낭만적 은빛 호수지만 예상치 못한 거센 바람과 풍랑이 이는 게네사렛처럼 말이다.

우물 안 개구리가 바깥세상을 도무지 알 수 없듯이 유대사회 종교 지도자들의 안목은 극히 좁았고, 거센 풍랑 속에 빠져 들어간 시몬 베드로처럼 자신들의 편견과 독선과 아집의 거침없는 풍랑 속에 빠져들고 있었다.

예수님은 제자들과 함께 게네사렛을 뒤로 하고 두로와 시돈으로 향하셨다. 두로는 솔로몬 왕과 동시대 사람인 히람(Hiram) 왕에 의해 세워진 중요한 상(商)거래 요충지로 페니키아의 소항구 도시였고, 시돈에서는 약 25마일 정도 떨어져 있었다. 예수님 당시에도 두로는 소항구 도시로 남아 있었고 대표적인 이방 도시였다.

경계선

예수님이 한 여인의 집으로 들어서셨다. 그녀는 흑암의 세력에 의해 삶이 파괴된 채 인생의 벼랑에 서 있었다. 그런 여인의 집에 예수님이 들어가신 것은 당시의 상식을 파괴하는 혁신적인 사건이었다.

여인의 가정은 비극의 풍랑에 초토화되어 있었다. 여인은 풍랑을 꾸짖으셔서 잔잔케 하신 예수님의 손길이 절대적으로 필요했다. 귀신은 이 가나안 여인의 딸을 표적으로 삼아 불법적으로 그녀 안에 침입했다. 그 귀신은 너무도 흉악하고 난폭한 귀신이

어서 어떤 영적인 인물도 감히 대항하거나 쉽게 다룰 수 없었다. 귀신들린 딸을 제압해보려고 힘센 동네 남자들이 이런저런 시도를 해 보았지만 역부족이었다. 시간이 흐르면서 귀신들린 딸은 집안뿐만 아니라 온 동네의 공포의 대상이었다. 누구도 감히 그녀에게 접근할 수 없었다.

사정이 이렇다보니 가장 상처를 많이 받는 사람은 딸의 어머니였다.

"무슨 저주가 내려졌는가? 우리 가문에 무슨 죄나 잘못이 있어 귀신이 틈탈 빌미를 제공했나?" 이런 생각조차 여인에게는 몸서리쳐지는 일이었다. 사람들은 귀신이 들리는 것을 가문의 저주와 몰락의 신호탄으로 여겼다. 그리고 행여나 그 저주가 자신에게 옮겨질까 두려워 귀신들린 사람을 끔찍하게 미워했다. 상황이 이렇다보니 가나안 여인이 마을에서 설 자리는 없었다. 그녀는 인생의 벼랑 끝으로 내몰렸다. 더욱이 귀신이 들기 전 딸은 그녀에게 있어 마지막 남은 한 가닥 희망과도 같은 존재였다.

그녀가 예수님의 소문을 듣자마자 곧장 달려온 것은 자신의 설 자리를 찾기 위함도, 명예 회복을 위함도 아니었다. 여느 어머니들처럼 자신의 생명과 인생의 희망인 딸의 구원을 위해서였다. 그냥 우두커니 있으면 딸의 미래는 불 보듯 뻔한 것이었다. 어머니로서는 참담한 일이었다.

예수님의 소문을 듣는 순간 시간이 정지되었다. 떠가는 구름도 발걸음을 멈췄다. 모든 만상(萬象)이 숨을 멈추었다. 쿵쾅거리며 힘차게 내뛰던 여인의 심장 박동도 피의 흐름도, 일체의 움직임이 정지했다. 그녀에게 있어 유일하게 움직이는 것은 딸에 대한 염려였다.

그럴 정도로 그녀는 절박했다. 인생의 벼랑에서 탈출할 수 있는 유일한 길은 오직 예수님을 만나는 것이었다.

"주 다윗의 자손이여, 나를 불쌍히 여기소서. 내 딸이 흉악하게 귀신 들렸나이다."

모든 어머니들이 그렇듯, 가나안 여인 역시 현재의 상황을 자신의 책임으로 돌리고 있다. 그러나 불쌍한 사람은 딸만이 아니었다. 더 혹독한 시련을 겪고 있는 사람은 바로 그녀 자신이었다. 그런데도 그녀는 오로지 딸의 치료와 회복만을 염려하고 있었다. 오, 세상의 위대한 어머니들이여!

여인의 절규가 산을 찌르고 하늘을 진동시켰지만, 예수님은 전과 달리 묵묵부답이었다. 여인의 딸은 거의 반 나체의 흉측한 모습으로 누더기 조각만을 몸에 걸친 채 더러운 땅 바닥에서 침을 흘리며 나뒹굴고 있었다. 누더기라도 벗어던지지 않는 것이 고마울 정도였다. 눈은 이미 온통 흰자위가 드러나 독기를 내뿜었다. 딸의 주변에는 뭐라 표현할 수 없는 서늘한 냉기가 징그러운 벌레가 등에 기어오르듯 스멀스멀 감돌고 있었다. 참으로 심각한 상황이었다. 예수님은 여전히 묵묵부답이었지만 여인은 순순히 물러날 태세가 아니었다.

공감 대 무정

여인의 고통에 공감(sympathy)하지 못했던 예수님의 제자들과 주변 사람들은 "주님, 너무 시끄러우니 빨리 쫓아 보내시죠?"하며 무정한 태도(apathy)를 보였다. 그야말로 장터에서 아이들이 피리를 불어도 춤추지 않고, 곡하며 슬피 울어도 함께 울 줄 모르는 슬프고 무정한 세대였고 사람들이었다.[32]

"나는 이스라엘의 잃어버린 양 외에는 다른 데로 보내심을 받지 않았노라."

늘 '공감적 참여'[33](sympathetic participation)의 사랑으로 사람들의 아픔과 고통에 동참하시던 나사렛 예수! 아버지의 무한하신 사랑을 설파하고 몸소 실천하시던 바로 그 예수께서 무슨 일로 이렇게 돌변하신 것일까? 지금까지 하신 모든 일과 가르침은 한낱 위선적이고 공허한 드라마에 불과했는가? 인간을 불행으로 몰아넣는 모든 경계를 앞장서서 철폐하시던 분이 왜 오늘 여기서, 왜 그렇게도 철저하고 높은 경계선을 가나안의 여인 앞에 세우시는가? 식탁친교를 통해 하나님의 무조건적이고 차별 없는 사랑을 극적으로 보여주시던 분이 왜 그렇게 돌변하셨는지에 대해서는 도무지 알 길이 없다.

여자는 예수님께 절하며 간곡히 애원한다.

"주여, 저를 도우소서…"

"……"

아무리 궁해도 사람은 자존심을 먹고 사는 존재이다. 그런데 첫 번째는 철저히 무시당했고 두 번째는 천시를 당하는데도 가나안의 이방 여인은 자존심조차 없는 지 한 치도 물러설 줄을 모른다. 그런 그녀의 모습은 단순히 "자존심이 밥 먹여 주냐?"라는 생각을 하고 있기 때문은 아니라는 것이 분명했다. 그렇다. 그녀의 마음을 지배하는 한 가지 일념은 딸의 구원이었다.

"자녀들의 떡을 취하여 개에게 던짐이 마땅하지 아니 하니라…"

개라니… 그렇다! 당시 선택받은 유대인들에게 이방인은 개처럼 취급되었다. "이방인은 하나님께서 지옥불의 땔감으로 지으셨다"고 믿고 말할 정도였으니까 말이다. 무시당하고 천시 받은 가나안 여인이 세 번째 받는 이와 같은 멸시는 이전에도 이후에도 결단코 없었다.

"주여, 옳소이다마는 개들도 제 주인의 상에서 떨어지는 부스러기를 먹나이다."

쓰레기통을 돌며 먹을 것을 찾는 개처럼 취급당해도 좋고 주인의 밥상에서 떨어지는 부스러기를 주워 먹는 하찮은 존재로 취급당해도 좋다니! 시궁창에 처박혀 오물을 뒤집어 쓴 채 무자비하게 짓밟혀도 상관없다니! 최소한의 자존심마저 버린 것인가? 귀신이 떨어져 나가고 딸만 살릴 수 있다면 시궁창이 아니라 시궁창 바닥까지도 내려갈 수 있다는 여인의 용기와 의지는 차갑게 얼어붙은 두로와 시돈뿐 아니라 모든 사람들의 마음에 뜨거운 감동을 불러 일으켰다. 무엇보다도 그녀는 예수님의 마음에 불같은 긍휼의 폭풍을 불러 일으켰다. 그 뜨거운 폭풍에 귀신은 종잇조각처럼 날려가고 말았다.

"여자여, 네 믿음이 크도다. 네 소원대로 되리라."

가나안 여인의 딸 속에 자리 잡고 있던 흉악한 귀신은 벌써부터 사시나무처럼 부들부들 떨고 있었다. 예수님과 여인의 대화를 살피면서 오금이 저려 쩔쩔매고 있었다. 귀신은 가나안 여인이 예수님 앞에서 자신의 자존심을 조금이라도 내세우길 바랐다. 만일 그랬더라면 귀신은 여인의 딸에 대한 자신의 소유권을 확보할 수 있었다. 하지만 일이 제대로 진행되지 않자 여인의 딸을 거칠게 괴롭히며 여인을 교란시켜 보려고 애를 썼다. 하지만 모든 노력이 허사였다. 귀신은 자신이 졌다는 것을 알고 있었다. 분노한 귀신은 무섭게 고함을 쳤지만 더 이상 발붙일 곳이 없었다. 예수님의 말씀이 떨어지기 무섭게 귀신은 그대로 딸의 몸에서 쫓겨나와 도망치고 말았다. 뒤 한 번 돌아볼 겨를조차 없었다!

공감의 명수

하나님의 아들 예수는 공감(共感)의 명수(名手)였다. 명수라는 말보다는 '공감하는 예수'(Jesus of sympathy)라는 표현이 더 적절할 것이다. 그분은 사람들을 볼 때마다 '목자 없는 양' 처럼 보셨다. 목자 없는 양! 이보다 더 인간의 애처롭고 가련한 딜레마적 상황을 표현할 수 있는 적절한 메타포(metaphor)가 어디 있겠는가!

가나안 여인은 예수님의 시험을 통과했다. 시험을 통해 그녀의 믿음이 확증된 것이다. 때로 시험은 더 큰 은혜와 기적을 가져다준다는 것이 가나안 여인을 통해 입증되었다. 인생의 벼랑에서 예수님을 만난 가나안 여인! 그리고 그녀의 사랑하는 딸! 두 모녀는 하늘 아버지와 그분의 아들 예수가 '긍휼히 여기시는 하나님', 그리고 '긍휼의 예수'(Jesus of compassion)이심을 증명했다. 그리고 그 '긍휼의 예수'는 지금 우리에게도 '긍휼의 예수'로 항상 다가오고 계신다.

귀신이 나간 방이 비어있으면 나중에 더 많은 귀신들이 몰려들기에[34] 두 모녀는 다시는 귀신들이 들어올 수 없도록 강력한 조치를 취했다. 그건 예수님을 믿고 따르는 일이었다.

생명의 축제

이후 귀신의 활동 무대였던 두로와 시돈에는 평화가 찾아왔다. 흐드러지게 핀 개나리꽃에 따스한 봄기운이 물신 피어오르듯 화사한 웃음꽃이 가나안 여인의 집과 마을에 피기 시작했다. 나사렛 예수께서 가시는 마을마다 생명의 축제가 열렸다!

그 날 이후 혁신적인 삶의 변화를 경험하기 시작한 가나안 여인의 입술을 통해 생명의 복음, 능력의 복음이 이방인들에게 전해지기 시작했다.

눈에 보이는 물질적인 현상세계 너머에 영적인 세계가 있습니다. 우리 인간의 좁은 이성으로는 영계에서 일어나는 현상들을 제대로 이해할 수 없습니다. 저는 처음에 딸의 병을 단순한 정신병 정도로 생각했지만, 나중에는 귀신의 역사임을 알게 되었습니다.

그러나 우리 힘으로는 딸 속에 들어간 귀신을 어찌할 수 없었고, 딸의 처지는 목불인견의 상황이었습니다. 벼랑으로 내몰린 우리 모녀는 나사렛 예수의 소문을 듣고 그분을 찾아뵙기로 결단했습니다.

그러나 직접 만난 그분은 소문으로 듣던 바와는 딴판이었습니다. 저는 그분이 저를 무시하고 멸시한다고 생각했습니다. 하지만 저는 그분의 그런 모습에 아랑곳하지 않고 믿음으로 매달렸습니다. 저는 그분이 제 딸을 고쳐주실 것이라고 진심으로 믿었습니다. 믿음이 그렇게 힘이 있는 것을 이전에는 알지 못했습니다. 나사렛 예수는 저의 한결같고 끈질긴 믿음을 보시고 제 딸을 깨끗이 고쳐주셨습니다. 인생의 벼랑에서 나와 내 딸은 구원을 받았습니다.

저와 제 딸은 그분이 메시아이심을 알게 되었습니다. 유대인과 이방인 사이에 높이 쳐 있던 장벽을 허물어뜨리고 그분은 우리 이방인에게도 구원의 빛을 주셨습니다. 저희와 같은 영적인 문제를 안고 있는 가정이 있다면 나

사렛 예수를 찾으십시오. 귀신은 나사렛 예수를 두려워
하고 그분 앞에서 쩔쩔 맵니다. 당신은 그분의 거룩하고
존귀하신 이름으로 귀신을 쫓아낼 수 있습니다. 믿는 자
들에게는 그런 권세가 따를 것이라고 그분이 약속하셨기
때문입니다.

1. 영적인 어둠이 실제로 존재한다.

21세기의 우리는 과학적이고 합리적인 세계 안에 사는 것 같지만 실상은 그렇지 않다. 과거나 지금이나 너무도 많은 사람들이 흑암의 세력에 의해 삶이 파괴된 채 인생의 벼랑에 서 있다. 그런 측면에서 우리가 살고 있는 세계는 단순히 물리적인 세계만은 아니다. 물질 이면에 존재하는, 어떤 영적인 질서에 의해 움직이는 또 다른 세계는 분명히 존재한다.

2. 때로 시험은 더 큰 은혜와 기적을 가져다준다.

가나안 여인은 예수님의 시험을 통과했다. 시험을 통해 그녀의 믿음이 확증된 것이다. 때로 시험은 더 큰 은혜와 기적을 가져다준다는 것이 가나안 여인을 통해 입증되었다. 인생의 벼랑에서 예수님을 만난 가나안 여인! 그리고 그녀의 사랑하는 딸! 두 모녀는 하늘 아버지와 그분의 아들 예수가 '긍휼히 여기시는 하나님', 그리고 '긍휼의 예수' 이심을 증명했다. 그리고 그 '긍휼의 예수' 는 지금 우리에게도 '긍휼의 예수' 로 항상 다가오고 계신다.

3. 나사렛 예수를 찾으라.

저희와 같은 영적인 문제를 안고 있는 가정이 있다면 나사렛 예수를 찾으십시오. 귀신은 나사렛 예수를 두려워하고 그분 앞에서 쩔쩔 맵니다. 당신은 그분의 거룩하고 존귀하신 이름으로 귀신을 쫓아낼 수 있습니다. 믿는 자들에게는 그런 권세가 따를 것이라고 그분이 약속하셨기 때문입니다.

VII
참다운 기도의 힘

바디매오, 육신의 장애로 벼랑에 선 사람(1)

"가라 네 믿음이 너를 구원하였느니라 하시니 그가 곧 보게 되어 예수를 길에서 따르니라" (막 10:52)

육신의 장애는 그것이 선천적인 것이든 후천적인 것이든 인생의 벼랑으로 작용한다. 육신의 장애가 고통스런 소외를 초래하기 때문이다. 모든 장애는 다 불편하고 고통스러운 것이지만, 그 중에서도 시각장애는 훨씬 더 고통스럽다. 사람이 정보 습득의 일차적이고 중요한 원천으로 시각에 의존하기 때문이다. 보지 못한다는 것은 제대로 알 수 없다는 의미이다. 그래서 시각장애는 더욱 고통스럽다.

어느덧 숨 가쁜 한 해가 지나가고 새로운 유월절이 다가오고 있었다. 이맘때면 늘 그렇듯이 수많은 인파가 전국 각지에서 예루살렘을 향해 모여들고 있었다. 매년 일어나는 일이지만 예루살렘을 향해 모여드는 이스라엘 백성들의 행렬은 또 하나의 장관이었다. 유월절은 출애굽을 기념하기 위함이었다.

하나님은 이집트 파라오의 학정 밑에서 시달리고 있던 이스라엘 백성들을 출애굽 시키기 위해 그것이 사람이든 짐승이든 이집트에서 난 모든 장자를 쳐 죽이는 심판을 감행하셨다. 이때 이스라엘 백성들은 심판을 피하기 위해 야훼 하나님의 지시에 따라 양을 잡아 그 피를 집 문설주에 발랐다. 죽음의 천사들이 피를 보고 넘어가게(pass over) 하기 위함이었다. 백성들은 피가 천사들의 눈에 확연히 띄게 하기 위해 세심한 주의를 기울였다. 이스라엘 백성들이 사는 집과 마을에서는 비릿한 피 비린내가 물씬 풍겨났다. 어리든 장성했든 죽음의 천사가 지나간 자리에서는 장자들이 쓰러졌고, 이집트인들의 집에서 터져 나오는 통곡 소리는 하늘을 찌르고도 남았다.

이후 이스라엘 백성은 대대로 이 절기를 지키며 야훼의 베푸신 구속(救贖)의 은혜를 기억[35](Anamnesis)하며 후대에 전했다.

불행한 출생

바디매오는 온갖 불행을 걸머지고 세상에 태어났다. 거지인 것도 서러운데 태어날 때부터 시각장애인이었다. 아버지 디매오는 장차 태어날 아들에 대한 기대로 잔뜩 부풀어 있었다. 훌륭한 인물이 태어나준다면 조상 대대로 물려온 가난에서 벗어날 수 있을 거라 생각했고, 또 누가 아는가 쪼그라든 가문을 일으켜줄지도. 그러나 세상만사가 어디 그렇게 마음먹은 대로 되던가? 그

렇게 기다리고 기다리던 귀중한 아들은 불행하게도 선천적인 시
각장애인이었다.

헬렌 켈러는 ‘내가 3일만 볼 수 있다면’ 이란 글에서 하나님이
3일만 볼 수 있는 은총을 주신다면 첫째 날은 푸른 하늘, 뭉게구
름, 하늘에서 빛나는 태양을 보고 싶고, 둘째 날은 들에 피어 있
는 아름다운 꽃들을 마음껏 보고 싶고, 셋째 날은 아버지와 어머
니 그리고 주위의 사랑하는 사람들을 마음껏 보고 싶다고 했는
데, 바디매오 역시 마찬가지였으리라.

가난으로 찌든 가정에 장애인으로 태어난 아들은 부모 사랑
역시 제대로 받고 자랄 수 없었다. 부모의 사랑을 받을 거라는
생각 자체가 사치였다. 하루 벌어 하루 먹기가 힘겨웠던 집안은
장애인 아이에게 신경을 쓸 만큼 경제적, 정신적 여유가 없었다.
그렇게 세월이 흐르자 바디매오는 황량한 거리로 내몰려 구걸하
는 거리의 사람이 되었다. 그의 양 부모가 생존하고 있는지, 그
가 하루 구걸한 동냥에 온 가족의 생계가 달렸는지, 어디서 어떻
게 살고 있는지 아무도 알지 못했다. 바디매오는 날이 밝으면 여
리고 입구에 앉아 지나가는 행인에게 “챠리티(charity)! 불쌍한 자
에게 자비를!…” 하며 신음 같은 구걸의 소리를 내뱉고 있었다.
습관적으로 수 없이 외친 말이라 이제는 수치심조차 없었다.

예수님은 옛 여리고를 떠나 새 여리고[36]로 들어가고 계셨다.
예수님 일행과 예루살렘으로 향하던 수많은 유월절 순례자들(pil-
grims)이 옛 여리고 문을 막 나설 때였다.

절대 절명의 이 순간을 어찌 놓칠 수 있으랴? 귀동냥으로 예수님의 소문을 들었던 바디매오[37]는 예수께서 지금 바로 자기 앞을 지나가신다는 이야기를 우연히 듣게 되자 있는 힘을 다해 소리를 질렀다.

"다윗의 자손 예수여, 나를 불쌍히 여기소서!…"

어떻게 예수께서 다윗의 자손, 곧 메시아[38]라는 사실을 알았을까? 하나님의 계시였을까? 한 번도 만난 적 없는 생면부지의 나사렛 예수가 어떻게 하나님의 아들 메시아임을 알고 그렇게 불렀을까? 눈 뜬 자는 멀게 하시고 눈 먼 자는 보게 하시는[39] 하나님의 오묘하신 섭리였을까? 암흑천지의 여리고에서 영의 눈으로 볼 수 있었던 영적 거성(巨星)은 오직 거지 소경 바디매오 하나뿐이었을까?

신앙인이든 아니든 어느 시대나 사람은 매 한가지인 것일까? 거룩한 절기를 지키기 위해 성지(聖地)로 올라가던 많은 순례자들은 바디매오를 향해 "조용해, 입 닥쳐!"하며 심하게 꾸짖었다. 그 중 일부는 "거룩한 순례 길에 재수 옴 붙었네!" 하면서 길 가에 손바닥 만한 가래침을 "퇴!"하고 내뱉었다. 거지 바디매오의 누추하고 형편없는 행색과 찌든 몸과 옷에서 나는 쾨쾨한 냄새가 그들의 비위를 상하게 했던 것이다.

"다윗의 자손이여, 나를 불쌍히 여기소서!"

그럼에도 아랑곳하지 않고 바디매오는 더 목청을 높였다. 인생의 벼랑에 서 있는데 염치나 체면을 따질 겨를이 없었다. 지금

까지도 그렇게 살아온 그였지만 이번의 경우는 예전과는 확연히
달랐다.

예수기도

"나를 불쌍히 여기소서"(Have mercy on me)는 영혼의 가장 깊은
곳에서 하나님을 만나는 예수기도[40](Jesus prayer)의 전형이다. 불
쌍히 여김을 받지 않고서야, 하나님의 긍휼하신 은혜가 없고서
야 우리가 어떻게 영혼 깊은 곳에서 사랑의 하나님과 연합될 수
있겠는가?

아빌라의 테레사가 말한 것처럼, 기도는 우리가 하지만 '영혼
의 성'(Interior Castle) 제일 깊은 골방에서 하나님과 연합되는 신비
의 은총은 오로지 하나님의 선물이다. 영혼의 성에서 하나님과
연합되는 영적 체험은 우리를 관상적인 사랑의 삶(life of contempla-
tive love), 즉 하나님을 사랑하고 이웃을 사랑하는 온전한 삶[41]으로
향하게 한다. 그런 면에서 당시의 종교인들은 하나님을 예배하
는 사람이기는 했지만, 아직은 하나님을 모르는 자들이었다. 만
일 그들이 진정으로 하나님을 알았다면 바디매오를 긍휼히 여겼
으리라!

바디매오는 말한다.

"인간의 공로를 믿고 자랑하는 자들은 다 물러가라! 헤어진
누더기와 같은 의를 입고서 하나님 앞에 어찌 서려 하는가? 잎사
귀처럼 쇠퇴해가는 인간의 의[42]를 내세워가지고는 어림도 없다!

'하나님 예배' 운운하시만 너희들은 진정 하나님을 알지 못하는 자들이다!"

바디매오의 기도는 겸손한 죄인의 기도였다. 하늘 아버지는 길모퉁이에 서서 지나가는 사람이 듣도록 하는 유창한 기도는 듣지 않으시지만, 은밀한 곳에서 가슴을 치며 "나를 불쌍히 여기소서!" 하고 부르짖는 가난한 심령의 기도는 기쁘게 받으신다. 미사여구의 아름다운 기도가 힘이 있는 것이 아니라 한마디의 단순 진솔한 기도가 하늘 아버지의 손을 움직이는 힘이 있다. 인생의 벼랑에 선 자에게 무슨 미사여구가 필요했겠는가? 바디매오의 기도는 자기 의를 세우려는 당시 종교인들의 위선적이고 가식적인 기도가 아니라 영혼의 내면에서 예수님과 연합을 이루는 그런 힘 있는 예수기도(powerful Jesus prayer)였던 것이다.

"네게 무엇을 하여 주기를 바라느냐?"

"나의 주여,[43] 보기를 원하나이다!"

실상 바디매오는 이미 '보았다'. 메시아 예수를 보았던 것이다! 암흑천지의 여리고에서 하늘 아버지의 친 아들 메시아를 보지 못하는 눈 먼 소경들이 많았지만, 바디매오는 이미 보지 않았던가? 이제 영안이 열렸던 바디매오는 예수님의 능력으로 육안도 열렸다. 그러자 바디매오는 동냥그릇을 팽개치고 예수님을 따라갔다. 그가 하나님의 거룩한 도성 예루살렘에서 갖는 유월절 예배에 참여했음은 두말할 필요가 없다. 바디매오는 진정한 예배 순례자의 한 사람이 된 것이다.

바디매오는 마침내 예수님을 따르는 제자가 되었다. 디트리히 본회퍼(Dietrich V. Heaffer)가 말한 것처럼 세상과 자신의 결박을 끊고 오로지 예수님의 인격과 말씀에 결박되어 그는 고백했다.

사람들은 시각장애인인 나를 불쌍한 자라고 말했다. 하나님의 아름다운 창조세계를 보지 못하는 것, 나를 낳아주신 부모님의 얼굴을 뵙지 못하는 것은 확실히 불행한 일이었다. 게다가 사람들에게 무시당하며 거리의 사람이 되어 지나는 행인들에게 구걸하며 목숨을 연명한다는 것은 불행한 일이었다.

그러나 눈을 뜨지 못하였기에 눈 뜬 사람들이 눈으로 범하는 죄에서 자유로울 수 있었다는 것은 어떤 면에서 다행이었는지도 모른다. 눈을 뜨고서도 하나님의 아들 메시아를 보지 못하는 어리석음으로부터 자유로울 수 있다는 것은 얼마나 다행스러운 일인가? 인생의 벼랑 끝에 서 있는 나에게 메시아가 찾아오셨다. 예수께서 나의 육신의 눈을 열어주셔서 나는 이제 하나님의 창조세계를 볼 수 있게 되었다. 나의 영적인 눈과 육신의 눈, 두 눈을 통해 이제 하나님의 모든 영광을 온전히 보게 되었다.

오래 전 하나님은 이사야 선지자를 통해 '고난 받는 종'에 대해 말씀하셨다. "그는 실로 우리의 질고를 지고… 그가 채찍에 맞음으로 우리는 나음을 입었도다…" 그렇

다! 지금 내게 그 말씀이 성취되었다. 그리고 당신에게도
이 약속의 말씀은 진실하다. 혹시 당신이 어떤 질고로 인
생의 벼랑에 서 있다면 지체하지 말고 내가 만난 나사렛
예수 그분을 붙들라. 그분의 십자가의 수난과 죽음은 당
신과 나의 치유와 구원을 위한 것이니!

1. 육신의 장애는 우리의 성장에 걸림돌이 될 수 있다.

육신의 장애는 그것이 선천적인 것이든 후천적인 것이든 인생의 벼랑으로 작용한다. 육신의 장애가 고통스런 소외를 초래하기 때문이다. 모든 장애는 다 불편하고 고통스러운 것이지만, 그중에서도 시각장애는 훨씬 더 고통스럽다. 사람이 정보 습득의 일차적이고 중요한 원천으로 시각에 의존하기 때문이다.

2. 하나님을 움직이는 기도는 '죄인의 기도' 다.

바디매오의 기도는 겸손한 죄인의 기도였다. 하늘 아버지는 길모퉁이에 서서 지나가는 사람이 들도록 하는 유창한 기도는 듣지 않으시지만, 은밀한 곳에서 가슴을 치며 "나를 불쌍히 여기소서!" 하고 부르짖는 가난한 심령의 기도는 기쁘게 받으신다. 미사여구의 아름다운 기도가 힘이 있는 것이 아니라 한마디의 단순 진솔한 기도가 하늘 아버지의 손을 움직이는 힘이 있다.

3. 예수님의 고난과 죽음은 우리의 치유를 위한 것이다.

오래 전 하나님은 이사야 선지자를 통해 '고난 받는 종' 에 대해 말씀하셨다. 그렇다! 지금 내게 그 말씀이 성취되었다. 그리고 당신에게도 이 약속의 말씀은 진실하다. 혹시 당신이 어떤 질고로 인생의 벼랑에 서 있다면 지체하지 말고 내가 만난 나사렛 예수 그분을 붙들라. 그분의 십자가의 수난과 죽음은 당신과 나의 치유와 구원을 위한 것이니!

VIII
죄로부터의 자유

가버나움의 중풍병자, 육신의 장애로 벼랑에 선 사람(2)

"소자야 네 죄 사함을 받았느니라" (막 2:5)

편견을 가지고 육신의 질병을 보는 사람들이 종종 있다. 다시 말해, 모든 질병을 죄와 연관시켜 보거나 아니면 인간의 능력이 미치지 못하는 불가항력적이거나 숙명적인 것으로 받아들이는 경우이다. 하지만 이러한 시각은 옳은 것은 아니다. 여기, 그러한 생각이 왜 잘못된 것인지를 보여주는 이야기가 하나 있다.

가버나움의 집은 무척 협소했다. 바람이 통하는 조그만 창문이 그 집에 없었다면 아마도 숨이 막혀 견디질 못했을 것이다. 가버나움에 들어오신 예수를 뒤따르는 무리는 여느 때보다 훨씬 많았다. 예수께서 계신 집은 미어터질 지경이었다.

삶의 현장에서는 우리와 직접적인 관련이 있든 없든 항상 어떤 일이 일어나기 마련이다. 이 날도 예수님은 몸을 움직이기조

차 힘들 정도로 모여든 사람들에게 하나님 나라의 도를 가르치
고 계셨다. 탁한 공기와 사람들의 체온으로 높아진 집안 온도 때
문에 예수님의 이마에는 구슬 같은 땀이 송골송골 맺혀 있었다.

무례한 침입

그런데 느닷없이 지붕으로부터 침대 하나가 흔들리며 서서히
내려왔다. 그 침대 위에는 몸의 반편이 마비된 중풍병자가 누워
있었다. 오래된 병상생활로 퀭해진 그의 얼굴에는 뭐라 표현할
수 없는 짙은 구름이 끼여 있었다. 이런 황당한 일을 저지른 것
이 못내 죄송한 듯, 그리고 이런 무례한 일에 대해 예수께서 어떤
태도를 취하실런지 자못 두렵다는 표정이 그의 얼굴을 더 초췌
하게 보이게끔 만들었다. 그는 누워서 예수님의 얼굴을 올려다
보았다. 이어 신음 하듯 가냘픈 음성이 그의 메마른 입술에서 새
어 나왔다.

“나사렛 예수여, 나를 불쌍히 여기소서…”

장애의 벼랑

어느 날 한 가정을 엄습한 중풍은 그 가정을 황폐화시켰다.
그 몹쓸 병은 그와 그의 가족을 벼랑으로 몰고 갔다. 한 가정의
가장으로서 더 이상 가족의 생계를 책임질 수 없게 되었을 뿐만
아니라 병을 고치기 위해 사방팔방으로 돌아다니며 치료비를 물
쓰듯 했으니 집안 형편이 어떨지는 짐작하고도 남음이 있을 것

이다. 가장의 오랜 투병은 삶에 대한 가족들의 회의와 비관이라는 너무나도 자연스런 부산물을 가져왔다.

밝고 생기발랄하던 집안 분위기는 흔적조차 사라졌고, 암울한 침묵과 어두운 그림자만이 집안 곳곳에 깊이 드리워져 있었다. 재잘거리던 아이들의 목소리도 뚝 그쳤다. 집안에는 꼭 필요한 사무적인 말 외에는 다른 대화가 오가지 않았고 답답한 침묵만이 흐르고 있었다.

그나마 다행스러운 것은 이 사람이 평소 이웃들과 좋은 관계를 유지해 온, 소위 덕 있는 사람이라는 것이었다. 주변 사람들은 그의 고통을 안타까워했다. 그리고 무슨 일이든지 그에게 도움을 줄 수 있다면 기꺼이 도울 태세였다.

그러던 중 예수께서 마을에 들어오셨다는 소문이 들렸고, 그 소문은 그들에게 한 가닥 희망의 빛이 되었다. 사람들은 즉시 움직였다. 중풍으로 누워 있는 착한 이웃을 위해 그들이 할 수 있는 일은 분명했다. 동네 사람들은 자신들 가운데 비교적 젊고 힘 있는 사람 네 명에게 침상의 각 모서리를 들게 한 다음 예수님이 계신 곳으로 숨 가쁘게 달려왔다.

“여보게, 나사렛 예수께서 우리 동네에 오셨다네. 가 보세. 그분은 틀림없이 자네의 병을 고쳐줄 걸세… 우리가 자네를 그분 계신 곳으로 데려갈 테니 염려 말게 응?”

하지만 예수님이 계신 집은 이미 사람들로 꽉 차서 어떻게 뚫고 들어갈 여지가 없었다. 난감한 그들은 한 순간 머뭇거렸다.

어떻게 해야 좋을지 알 수가 없었던 것이다. 그러나 한 줄기 빛이 섬광처럼 머리를 스쳐지나갔다. 지체할 겨를 없이 그들은 지붕 위로 올라갔다. 지붕을 뜯고 침상을 내릴 작정이었던 것이다.

아름다운 동역

당신은 이보다 더 아름다운 그림을 본 적이 있는가? 감미로운 사랑의 시, 사랑의 그림을 그린다 한들 이보다 더 아름다운 풍경을 만들어낼 수 있을까? 이웃으로부터 받은 사랑과 은혜를 쉽게 망각하는 세대, 더 나아가 은혜를 원수로 갚는 비정한 오늘에 비하면 이 얼마나 감동적인 장면인가? 이웃이 죽어도 전혀 관심을 가지지 않는 패역한 세대, 부모가 혼자 살다 죽어도 몇 달이 흐르도록 죽었는지조차 모르는 세대, 그런 세대에 비하면 이들의 인간적인 모습은 감동을 넘어 숙연해질 정도다.

예수님과 중풍병자의 눈길이 마주쳤다. 일순 불똥이 튀었다. 뚫어지게 예수님을 응시하던 중풍병자의 눈에 홍건한 눈물이 고이더니 이내 시선이 아래로 툭 떨어졌다. 무슨 말이 필요했겠는가? 그 눈물 속에는 오랜 세월의 회한과 고통이 다 녹아 있었다. 예수님의 마음이 뜨거워졌다. 중풍병자의 믿음과 그를 메고 온 사람들의 믿음이 고스란히 전달되었기 때문이었다. 이윽고 예수님이 말문을 여셨다.

"소자여, 네 죄가 사함 받았느니라."

"……"

"네 침상을 들고 집으로 가라."

예수께서 가는 곳이면 그 어디나 서기관이나 바리새인 같은 종교 지도자들의 그림자가 집요하게 따라 붙었다. 예수님을 어떻게든 함정에 빠뜨리기 위해서였다. 아니나 다를까? 이런 기회를 놓칠 그들이 아니었다.

"신성모독이다! 하나님 한 분 외에는 누가 능히 죄를 사하겠느냐?"

유일신을 고집하는 그들에게 예수께서 하신 말씀은 어처구니없는 실언이라기보다는 모독이었다. 인간을 창조하신 하나님 한 분 외에 어느 누가 인간의 죄를 사할 수 있겠는가? 그들의 입장에서 보면 분명 예수님의 말씀은 신성모독이었다. 이는 예수 자신이 하나님임을 주장한 것이었기 때문이다. 저들이 흥분한 것은 당연한 일이었다. 하지만 저들이 어떻게 하나님과 본체이신 영광의 주님께서 인간의 육신을 입고 성육신하신 신비를 어찌 알겠는가? 오, 인간의 무지여! 인간의 사악함이여! 인간의 오만이여! 하나님에게 하나님을 모독한다고 도리어 모독하다니!

죄를 사하시는 권위

'일어나 침상을 들고 가라' 는 말이 왜 쉬웠겠는가? 예수님이 아니더라도, 예수님의 이름이 아니더라도 병 고침의 기적은 이따금 있었다. 오늘날 다른 종교에서도 이런 현상은 가끔 일어난다. 그러나 그 어떤 종교도, 그 어떤 종교적 인물도 인간의 죄를 사할 수 없었고, 죄를 용서한다고 선포하지도 않았다. 아니, 할 수가 없었다. 오직 하나님의 아들만이 인간의 죄를 용서하는 권세를 가졌기 때문이다.

예수님의 가르침을 듣고 있던 사람들의 눈이 중풍병자에게 고정되었다. 환자가 부스스 일어났기 때문이었다. 사람들의 눈이 휘둥그레지고 입이 딱 벌어졌다. 마침내 그가 침상을 챙겨들고 자기 발로 걸어 나가자 흥분한 사람들은 "할렐루야!"를 외치며 박수를 쳤다. 그를 메고 온 동네 사람들은 밀려오는 감동과 흥분을 주체하지 못해 어쩔 줄을 몰랐다. 사람들로 가득 찬 집안은 우레 같은 환희와 영광의 박수로 쉴 새 없이 요동쳤다.

집을 나선 그는 침상을 내팽개치고 사랑하는 아내와 자식들이 있는 집을 향해 달음박질 했다. 이보다 더 기쁜 소식은 지금까지 그 가정에 없었다. 집안에 깔려 있던 어둡고 칙칙한 그림자가 말끔히 가시고 희망의 서광이 비쳐 들었다. 집안은 활기를 되찾았고 축제의 삶(celebrative life)이 바야흐로 시작되고 있었다.

건강한 모습으로 되돌아온 중풍병자의 마을 사람들, 특히 그를 침상에 메고 갔던 그의 벗이자 동료인 주민들은 못내 흐뭇해 하며 삶의 보람과 땀의 가치가 어디에 있는지를 깨닫게 해 준 그에게 오히려 감사를 표하는 아름다운 역설을 보여주었다. 절룩거리던 가버나움은 생명의 환희로 짙게 물들어갔다.

예수께서 가버나움을 떠난 지 얼마 후 중풍에서 자유함을 얻은 그는 이렇게 고백했다.

어느 날 찾아 온 중풍은 나의 존재를 송두리째 흔들어 놓았다. 평소 건강에 자신이 있었던 나에게 그런 병이 엄습하리라고는 상상조차 못했다. 인생은 그런 질곡(桎梏)의 연속인가?

병치레를 하던 아내의 눈과 입가에는 찬 서리가 내렸고, 올망졸망 어우러져 즐겁게 뛰어놀던 아이들의 발걸음 소리도 내게는 더 이상 들리지 않았다. 당장 입에 풀칠을 하는 문제는 우리 가족의 목을 졸랐고, 일에 지친 아내의 얼굴에는 거미줄 같은 잔주름이 늘어갔다.

하지만 이 같은 나를 변함없이 아껴주는 이웃이 있었다는 게 얼마나 큰 다행인지 모른다. 그들의 믿음과 흘린 땀은 결코 헛되지 않았다. 남의 집 지붕에 구멍을 뚫고 침상에 누워 내려간다는 것은 상상조차 할 수 없는 일이었다. 그건 한 편의 드라마 같은 일이었다.

그때 침상에 누워 있는 나를 내려다보던 예수님의 눈빛은 긍휼로 불타고 있었다. "네 죄가 사함 받았다. 일어나 네 침상을 들고 빛으로 나아가라!"는 불같은 말씀에 지난날의 모든 죄가 다 씻겨 나갔고, 나를 지배하던 더러운 병도 물러났다. 누구도 알 수 없었고, 누구에게도 털어놓을 수 없는 죄가 너무도 많았는데, 예수님은 그 모든 것을 다 들여다보신 후에 단번에 사하여 주셨다.

이제 나는 남은 삶을 죄에서 멀리 떨어진 삶을 살기로 마음먹었다. 죄를 깨닫기 전에는 내 병이 죄와 관계가 있으리라고 생각도 못했다. 하지만 그것은 치유가 불가능한 고정적인 것은 아니었다. 회개하는 순간 용서와 치유가 예수님으로부터 선물로 주어졌다. 나는 이제 나와 같은 질병으로 고생하는 이들을 찾아 내가 만난 예수님을 전할 것이다. 누구든지 예수님을 만나면, 오로지 그분에 대한 믿음만 갖는다면 무슨 죄든 용서받고, 또한 무슨 병이든 고침을 받을 수 있기 때문이다.

절망적인 중풍의 벼랑에서 나를 구원하신 예수님은 중풍뿐 아니라 그 어떤 질병의 벼랑에서도 우리를 구원하실 수 있다. 할렐루야!

1. 육신의 질병은 가정을 벼랑으로 내몬다.

어느 날 한 가정을 엄습한 중풍은 그 가정을 황폐화시켰다. 그 몹쓸 병은 그와 그의 가족을 벼랑으로 몰고 갔다. 한 가정의 가장으로서 더 이상 가족의 생계를 책임질 수 없게 되었을 뿐만 아니라 병을 고치기 위해 사방팔방으로 돌아다니며 치료비를 물 쓰듯 했으니 집안 형편이 어떨지는 짐작하고도 남음이 있을 것이다. 가장의 오랜 투병은 삶에 대한 가족들의 회의와 비관이라는 너무나도 자연스런 부산물을 가져왔다.

2. 인간의 죄는 오직 예수님만이 사하실 수 있다.

예수님이 아니더라도, 예수님의 이름이 아니더라도 병 고침의 기적은 이따금 있었다. 오늘날 다른 종교에서도 이런 현상은 가끔 일어난다. 그러나 그 어떤 종교도, 그 어떤 종교적 인물도 인간의 죄를 사할 수 없었고, 죄를 용서한다고 선포하지도 않았다. 아니, 할 수가 없었다. 오직 하나님의 아들만이 인간의 죄를 용서하는 권세를 가졌기 때문이다.

3. 죄를 깨달을 때 치유가 일어난다.

죄를 깨닫기 전에는 내 병이 죄와 관계가 있으리라고 생각도 못했다. 하지만 그것은 치유가 불가능한 고정적인 것은 아니었다. 회개하는 순간 용서와 치유가 예수님으로부터 선물로 주어졌다. 누구든지 예수님을 만나면, 오로지 그분에 대한 믿음만 갖는다면 무슨 죄든 용서받고 또한 무슨 병이든 고침을 받을 수 있기 때문이다.

IX
딸의 노래

혈루증을 앓는 여인, 육신의 장애로 벼랑에 선 사람(3)

"네 믿음이 너를 구원하였으니 평안히 가라" (막 5:34)

　　예기치 않았던 불치의 병은 한 인간의 존엄성을 강탈해 갈
뿐 아니라 한 인간을 인생 파산이라는 벼랑으로 몰아간다. 특히
그 불치의 병이 사회적 약자에게 찾아올 경우는 더더욱 그렇다.
사회적 약자는 병에 대항해 자신을 보호하거나 대안을 강구할만
한 여력이 없기 때문이다. 사회적 약자에게 있어 불치의 병이란
곧 죽음 내지는 철저한 파괴를 의미한다.

　　예수님은 역한 오물 냄새가 바람에 실려 다니며 이맛살을 찌
푸리게 하는 양돈(養豚) 마을 거라사[44]에서 귀신들과 한판 승부를
마치고 다시 반대편 마을 가버나움으로 제자들과 함께 건너오셨
다. 정말이지 거라사에서의 일은 마치 한편의 드라마 같았다. 광
인(狂人)에게 달라붙었던 연대급 군대 귀신이 추방당해 돼지 떼로

들어가자 혼비백산한 2천 마리의 돼지 떼는 "꽥~꽥~" 비명을 지르며 산비탈을 내달아 호수로 뛰어들었다. 그 장면은 마치 출애굽 한 이스라엘 백성들을 추격하던 파라오의 군대가 홍해 바다에 빠져 몰살당하던 모습을 연상시켰다.

호숫가 서편에 당도한 예수님은 도착하자마자 병들어 죽음의 기로에 있는 딸을 고쳐달라는 회당장 야이로의 간청을 받았다. 예수님은 숨 고를 틈도 없이 그의 집으로 향하셨고, 늘 그렇듯이 나름대로 뭔가를 바라는 큰 무리가 예수님을 에워싸고 떠밀었다. 예수님은 지친 발걸음을 애써 떼어놓을 필요도 없이 그 힘에 밀려 야이로의 집으로 들어서셨다.

한계선에 서 있는 삶

자궁에 큰 구멍이라도 뚫린 듯, 아무런 병인[45](病因)도 모른 채 12년간이나 피를 줄줄 뿜어내야 했던 한 여인의 기구한 삶! 그 아픔을 어떻게 설명할 수 있을까? 재산이란 재산은 송두리째 팔아 용하다는 이 의원 저 의원을 찾아 전전했지만 병은 나아질 기미조차 보이지 않고 도리어 나날이 깊어만 갔다. 그녀에게 남은 것이라고는 이제 병에 찌든 육신 하나뿐이었다. 그녀의 삶은 송두리째 파산을 맞고 있었다.

그런데도 금방 고쳐주겠다고 큰 소리 떵떵 치며 많은 돈을 받았던 의사들은 차도가 없자 되려 여인을 나무랐다. "당신이 낫지 않는 것은 믿음이 없기 때문이오." "당신이 제대로 지시를 따르지 않았기 때문이오." "의사를 신뢰하지 않는데 병이 어떻게 낫겠소?" 여인은 핀잔과 모욕을 안겨주며 자신들의 오진과 무능을 은폐하는 교활한 의사들의 태도에 한두 번 고통스러워 한 것이 아니었다.

고통이 어디 그뿐이겠는가? 여인은 남편의 냉대와 멸시에 이력이 났다. 달콤한 잠자리를 제공하지 못하는 여인을 버리고 남편은 일찌감치 다른 여인의 품속으로 뛰어들었다. 잠자리는커녕 비릿하고 역한 피 냄새만 풀풀 풍기는 여인이 남편에게 어떤 취급을 당했는지는 불을 보듯 뻔한 일이었다. 자녀가 있었는지는 알 길이 없지만, 설혹 있었다 하더라도 남편조차 도망가는 상황에서 그 가정이 온전히 유지되었겠는가? 아마도 자녀들은 뿔뿔이 흩어지고 가정은 해체되었거나 설혹 해체되지는 않았더라도 해체된 것과 별반 다를 바 없는 상황이 전개되었을 것이다.

레위기[46]에 의하면 이 부정한 여인은 사회로부터도 소외당했다. 한마디로 가정과 사회로부터 버림받은 여인이었다. 그녀에게 삶이란 하나의 고통이자 저주였음이 분명했다. 그러나 이 무명(無名)의 여인은 자신의 그런 운명에 주저앉아 있지만은 않았다. 가족과 사회의 냉대와 배척을 내면화하여 스스로 자신의 삶을 저주하며 포기하는 우(愚)를 범하지는 않았다. 그녀는 기필코 이 병에서 벗어나겠다는 신념을 굽히지 않았다.

"나는 결코 포기할 수 없어! 지금까지 이 병과 싸우면서 지내온 세월과 치료비로 투자한 돈이 아까워서가 아니라 내 삶의 가

치와 존엄성을 회복해야만 해! 나도 인간답게 행복하게 살 권리
가 있어. 나사렛 예수 그분만 만나면 돼!⋯ 그분이 나의 유일한
희망이야!" 하고 수없이 되뇌이며 그녀는 거칠게 갈라진 입술을
굳게 깨물었다.

너무도 오랜 세월을 누워만 있었기에 아예 희망을 접고 한낱
뻣뻣한 목석처럼 베데스다 못가에 누워 있던 38년 된 병자와는
달리 이 여인은 꿋꿋하게 자신의 희망을 접지 않았다. 그녀는 비
록 현재 상황은 처참했지만, 자신의 머리 위에는 아직도 파란 하
늘에 희망의 나래가 펼쳐지고 있음을 믿었고, 마음속으로 그 나
래 위를 달리는 형형색색의 구름을 보고 있었다.

믿음의 손길

여인은 밀리는 군중 틈에 섞여 예수님의 등 뒤에 도착하는 데
성공했다. 군중의 시선은 온통 예수님을 향해 있었고 자신들이
원하는 것을 어떻게든 예수님께 전하려고 안간힘을 쓰고 있었
다. 여인 역시 절대절명의 순간을 놓칠세라 필사적으로 예수님
의 옷에 손을 대었다. 여인은 비록 예수님께 자신의 삶을 이야기
할 수는 없었지만, 예수님의 능력이라면 자신이 그 옷에 손만 대
더라도 이 지긋지긋한 병은 치유될 것이라고 굳게 믿었다.

아, 믿음의 여인이여! 부활하신 예수님의 손과 옆구리를 직접
만져본 다음에야 "나의 주, 나의 하나님이십니다!"라고 고백한
도마의 실증주의(positivism)적 믿음보다 더 크고 위대한 믿음을 여

인은 지니고 있었다. 눈으로 보고 손으로 만져야만, 과학적으로 증명되어야만 진리로 받아들이는 과학적 미신주의(scientific super-stition)의 망령에 빠져 참 진리를 놓치는 어리석은 이성주의자들보다 현명한 지혜를 그녀는 갖고 있었다. '믿음으로 믿음에 이르는', 믿음에서 출발하여 결국은 참된 앎(true knowledge)과 확신(conviction)에 이르는 보다 차원 높은 종교적 진리에 눈 먼 자들의 우둔함과 불행이여!

치유의 광선이 뚫고 들어와

예수님의 옷에 손을 대는 순간 여인은 하체에서 흐르던 피가 멈추었음을 직감했다. 그녀는 12년 간 지속되어온 고통에서 자신이 자유롭게 되었음을 즉시 깨달았다. 그녀 위에 드리워졌던 어두움의 장막이 순식간에 걷혔다. 질병과 고통과 사회적 파문(excommunication)의 두터운 장벽이 일시에 무너져 내렸다. 동시에 쾌락의 단맛만을 갈구하는 쾌락주의가 땅에 내동댕이쳐졌다. 남성 중심의 권위(hierarchy)를 떨쳐냈다. 실증주의와 과학미신주의의 허울이 훌훌 벗겨졌다. 놀라운 치유의 광선이 뚫고 들어와 그녀의 실존을 새롭게 했다.

"딸아! 네 믿음이 너를 구원하였으니 평안을 향해 가라!"

평안에 넘치는 예수님의 목소리가 그녀에게 들렸다. 그 목소리는 세상의 모든 고통을 씻어내는 평강의 소리였다. 여인은 자신도 모르게 쏟아져 내리는 눈물을 주체할 수가 없었다. 그 눈물은 너무도 오랜 세월의 고통과 외로움이 한꺼번에 녹아내리는 눈물이었다. 여인은 비로소 깨달았다. 자신이 하나님의 진정한 자녀로 그 순간 새롭게 태어났음을.

여인은 이제 더 이상 예수님의 뒤편에 서 있을 필요가 없어졌다. 사생아나 의붓자식은 부모의 뒤에 서 있을지 모르지만 '딸'은 그럴 필요가 없었다. 앞으로 나와야 했다. 딸은 친아버지의 얼굴을 똑바로 대면할 수 있는 권리와 자격을 갖추고 있었고 당연히 대면해야 했다. 친딸은 아버지를 두려워할 이유가 없다. 왜냐하면 아버지는 사랑과 긍휼의 아버지이기 때문이다.

그녀는 예수님 앞으로 당당히 걸어 나와 그 앞에 엎드리기만 하면 된다. 이제 엎드려 그분을 주님으로 예배하면 된다.

두려움에 떠는 여인에게 예수님은 "딸"이라고 부르셨다. 예수님은 어느 누구에게도 "딸"이라고 부르신 적이 없었다. 3년 간 예수님을 뒤따르던 제자들에게도 "너는 내 아들이라"고 하신 적이 없었고, 늘상 뒤를 따르던 무리들 가운데 그 어떤 여인에게도, 심지어는 사랑하는 마리아와 마르다에게도 "딸"이라고 부르신 적이 없었다.

이제 여인은 예수 가족의 일원이 되었다. 하늘 가족의 일원이 되었다. 세상의 가족은 한 세상에 국한된다. 왜냐하면 하늘나라에서는 시집가고 장가가는 일이 없기 때문이다. 시집 장가가는 일이 없으면 아들, 딸의 관계도 형성되지 않는다. 그러나 하늘나라에서는 다른 차원의 가족이 형성된다. 하나님의 가족은 영적인 가족이다. 그래서 헤어짐이 없는 영원한 가족이 된다.

안식일의 주인

그렇다! 예수님은 죄로 인해 깨어진 안식(shabat)을 재창조하러 오셨다. 그 안식 안에서 샬롬(shalom)을 누리게 하기 위해 인간의 몸을 입고 화육(化肉)하셨다. 삶의 총체적 파산으로 상실된 인간의 실존을 참된 실존으로 회복시키기 위해 오셨던 것이다.

여인은 고백했다.

내 인생은 벼랑 끝에 매달려 있었다. 나의 가족관계, 대인관계, 돈, 재산, 그 모든 것이 남김없이 다 파괴되었다. 내게 유일하게 남은 것은 저주 받은 몸뿐이었다. 나는 벼랑에 매달려 애처로이 버둥거리고 있었다.

그때 나는 예수님의 소문을 들었다. 그분이 나의 유일한 희망이 되었다. 예수님이 오신다는 이야기를 듣고 나는 한 가닥 희망을 품은 채 가버나움 거리로 뛰쳐나갔다. 나는 그분을 정면으로 대할 용기가 없었고 감히 엄두조차 내지 못했다. 나처럼 부정한 여인이 어찌 정면에서 그분을 뵐 수 있단 말인가? 그래서 나는 그분에게 정신이 팔려 웅성대는 군중 틈을 비집고 몰래 그분 뒤로 다가가 그분의 옷을 만졌다. 나는 그분의 옷에 내 손길만 닿아도 내 병이 나을 수 있다는 믿음을 갖고 있었다.

그런데, 내가 그분의 옷에 손을 대는 순간 엄청난 일이 일어났다. 뭔가 뜨거운 불길이 그분에게서부터 나와 나의 전신을 스쳐 지나갔다. 나의 몸은, 아니 나의 영혼은 엄청나게 뜨거운 불길에 데인 것만 같았다. 그 순간 나의 병은 깨끗이 나았다. 그토록 오랜 세월 나를 괴롭히던 병이 단 한순간에 치유된 것이다.

더 놀라운 것은 병만 고쳐진 것이 아니었다. 더 높은 차원의 은혜가 내게 주어졌다. 그분은 나를 "딸"이라고 부르셨다. 병들기 이전에도, 병든 이후에도, 나는 한 번도 내 주위 사람들로부터 "딸아!"라는 따뜻한 말을 들어 본 적이 없었다. 나는 철저하게 버림받은 사람이었다. 존재의 의미를 지탱해 주는 관계의 줄이 완전히 단절된 사람이었다. 그런데 그분이 나를 양녀 삼으셨다. 나는 그분으로 인해 하늘나라의 가족이 된 것이다.

이제 내 삶은 나사렛 예수로 말미암아 새롭게 되었다. 파란 희망의 나래를 드리운 희망의 하늘이 내게 말해주었듯, 나의 실존은 새롭게 되었다. 나는 새롭게 태어난 것이다. 나는 이 기쁨과 감격을 도저히 혼자 감당할 수가 없다. 그래서 여전히 인생의 벼랑에 서 있는 사람들에게 나의 은혜를 전하지 않을 수 없다. 나 역시 그 중의 하나였기 때문이다. 그들의 고통과 아픔을 나는 안다. 그래서 그 나는 사람들에게 예수님을 만나보라고 전하지 않을

수 없다. 나사렛 예수는 우리의 구원자다. 그분을 믿기만
하면 우리는 모두 하나님의 자녀가 되는 놀라운 축복을
맛볼 수 있다. 이 얼마나 기쁘고 복된 소식인가!

1. 희망을 포기하지 말라.

레위기에 의하면 이 부정한 여인은 사회로부터도 소외당했다. 한마디로 가정과 사회로부터 버림받은 여인이었다. 그녀에게 삶이란 하나의 고통이자 저주였음이 분명했다. 그러나 이 무명의 여인은 자신의 그런 운명에 주저앉아 있지만은 않았다. 가족과 사회의 냉대와 배척을 내면화하여 스스로 자신의 삶을 저주하며 포기하는 우를 범하지는 않았다. 그녀는 기필코 이 병에서 벗어나겠다는 신념을 굽히지 않았다.

2. 육체의 치유는 정신의 치유를 동반한다.

"딸아! 네 믿음이 너를 구원하였으니 평안을 향해 가라!" 평안에 넘치는 예수님의 목소리가 그녀에게 들렸다. 그 목소리는 세상의 모든 고통을 씻어내는 평강의 소리였다. 여인은 자신도 모르게 쏟아져 내리는 눈물을 주체할 수가 없었다. 그 눈물은 너무도 오랜 세월의 고통과 외로움이 한꺼번에 녹아내리는 눈물이었다. 여인은 비로소 깨달았다. 자신이 하나님의 진정한 자녀로 그 순간 새롭게 태어났음을.

3. 하늘나라의 가족은 영적인 가족이다.

이제 여인은 예수 가족의 일원이 되었다. 하늘 가족의 일원이 되었다. 세상의 가족은 한 세상에 국한된다. 왜냐하면 하늘나라에서는 시집가고 장가가는 일이 없기 때문이다. 시집 장가가는 일이 없으면 아들, 딸의 관계도 형성되지 않는다. 그러나 하늘나라에서는 다른 차원의 가족이 형성된다. 하나님의 가족은 영적인 가족이다. 그래서 헤어짐이 없는 영원한 가족이 된다.

X
무덤에서 돌아온 친구

나사로, 죽음의 벼랑에 선 사람

"나사로야 나오라" (요 11:43)

　　물질적 부는 결코 사람을 죽음에서 구원하지 못한다. 죽을 때 자신의 소유를 가지고 무덤에 내려가는 이는 한 사람도 없다. 수의에는 호주머니가 없다는 사실이 이를 증명하지 않는가? 죽음은 그 자체로 인생의 벼랑이다. 벼랑 가운데서도 가장 가혹한 벼랑이다. 그 벼랑에서 떨어지면 아무런 희망을 찾을 수 없다. 벼랑은 말 그대로 죽음 직전의 단계, 즉 최후의 단계이다.

　　예루살렘에서 동쪽으로 2마일 떨어진 감람산 기슭 서쪽에 자리 잡은 베다니는 예수님의 사역에 있어 전략적 요충지였다. 공생애 마지막 예루살렘 입성은 여기서부터 시작되었다. 예수님은 베다니에 계실 때 부유한 나사로의 집에 자주 들르셨다. 나사로는 예수님의 다정한 친구였다. 자연히 마르다와 마리아도 예수님을 한 가족처럼 여기고 기꺼이 예수님 일행을 위해 봉사했다.

예수님과 친밀한 관계를 맺기 전, 나사로는 완전히 인생의 무대 뒤편으로 영원히 사라질 뻔 했다. 부모로부터 많은 재산을 물려받아 나름대로 사업에 성공한 그는 한때 영원한 삶에 대한 목마름을 갖고 있었다. 그런 그는 예수님의 소문을 듣고는 찾아와 진지하게 물었다.

"선한 선생님, 어떻게 해야 영생을 얻을 수 있습니까?"

"당신이 가진 모든 재물을 팔아 가난한 자들에게 나누어주고 나를 따르시오."

"……"

재물을 많이 갖고 있던 나사로는 그 말씀에 근심하며 발걸음을 되돌렸다. 그는 재물에 집착했다. 부모님이 얼마나 뼈 빠지게 모은 재물인데, 자신 역시 그 재물을 불리기 위해 밤잠 한 번 제대로 자지 못하고 얼마나 고생을 했던가? 그런데 그걸 다 팔아 가난한 자들에게 주고 정처 없이 따르라니… 실로 기막힌 요구였다. 결국 부자 청년 나사로[47]는 허탈한 발걸음을 되돌리지 않을 수 없었다.

맘몬은 그처럼 힘이 있다. 권력과 섹스, 재물은 모든 사람에게 있어 신(神)과 같다. 특히 오늘날에는 더욱 그렇다. 그래서 예수님은 "하나님과 맘몬을 동시에 섬길 수 없다"고 말씀하셨던 것이다

집으로 돌아온 나사로는 좀처럼 잠을 이룰 수 없었다. "가진

재물을 다 팔아 가난한 자들에게 나눠주고 나를 따르라”는 예수님의 말씀이 귓가에서 떠나지 않았기 때문이다.

“영생을 얻기 위해 이 땅의 재물을 버릴 것인가, 아니면 물질을 얻기 위해 영생을 버릴 것인가?”

나사로는 밤새 뒤척이며 고민했다. 그런데 아무리 생각해 보아도 예수님의 말씀이 옳았다.

“물질은 상대적이고 영원한 것이 아니다. 현세에서 잠시 누릴 뿐 영원히 소유할 수는 없는 것이 아닌가? 그러나 영생은 영원하다. 현세적이고 상대적인 것을 얻기 위해 영원한 것을 포기한다면 정말 어리석은 일이 아닐까? 사람이 온 천하를 얻고도 제 목숨을 잃는다면 무엇이 유익한가?”

나사로는 물질의 벼랑에서 하마터면 추락할 뻔 했다. 그가 가진 부(富)는 사실 그를 추락시킬 수도 있는 위험한 낭떠러지였다. 하지만 그는 ‘나사로’ 란 이름 그대로 ‘하나님의 도움을 입은 자’ 가 되었다.

맘몬을 버리고

몇 날 며칠을 식음을 전폐하다시피 고민하던 나사로는 마침내 결단했다. 그리고 사랑하는 누이들에게 자신의 결심을 전했다. 누이들은 나사로의 결정을 존중해 주었다. 나사로는 재산을 팔아 가난한 자들에게 나눠주기 시작했다. 집을 찾아오는 사람들에게는 정성을 다해 음식과 잠자리를 제공했다. 굶주리는 사람들에게는 오른손이 하는 것을 왼손이 모르게 도움을 주었다. 누이 마르다와 마리아는 오빠의 변화된 삶을 보며 함께 예수님을 뒤따르기로 결단했다. 그리고 기회가 되는 대로 예수님의 사역을 뒤에서 후원했다.

이후 예수님과 나사로의 의미 있는 만남이 이루어진 것은 두 말할 필요도 없다. 만일 이 극적인 만남이 이뤄지지 않았더라면 나사로의 삶은 허망한 재물과 함께 땅 속에 파묻히고 말았을 것이다.

예상치 못한 죽음

그러나 나사로에게 예상치 못한 질병이 찾아왔다. 죽음은 그가 또 한 번 서야할 인생의 벼랑이었다. 하지만 예수님을 인격적으로 만난 이후에 죽음이 찾아왔다는 것은 너무도 다행스런 일이었다. 만약 그 이전에 죽음의 질병이 찾아왔더라면 어떻게 되었겠는가?

돈 많은 자에게 의사들이 떼거지로 달라붙는 것은 흔한 일, 그러나 나사로는 의사들을 모두 물리쳤다. 자신에게 지금 가장 필요한 사람이 누구인지를 그는 알고 있었던 것이다. 나사로는 사랑하는 누이들에게 예수님이 계신 곳을 수소문하여 도움을 요청해달라고 부탁했고, 누이들은 한 시라도 지체될세라 하인들을 재촉했다.

"이 병은 하나님의 영광을 위한 병이니라."

나사로의 급한 전갈을 받은 예수님은 무심코 내뱉는 말처럼 이렇게 한 말씀 던지고는 이상하게도 요단강 건너편 마을에서 이 일 저 일로 시간을 보내고 계셨다. 제자들로서는 예수님의 이런 모습이 의외였다. 평소 관계를 생각하더라도 제자들은 예수님이 화급을 다퉈 베다니로 향할 줄 알고 있었던 것이다.

무엇보다도 몸이 달은 사람은 나사로의 종들이었다. 주인의 목숨이 경각에 달렸는데 예수님은 종들의 급한 전언을 듣고도 별반 반응을 보이지 않았다. 초조한 종들은 의아함을 넘어 예수님께 분노를 터뜨리기 시작했다.

"쳇, 언제는 나사로를 사랑한다고 해 놓고서… 정승의 개가 죽으면 사람들이 모여도 정작 정승이 죽으면 사람이 없다고 하더니만, 이런 경우를 두고 한 말일쎄!"

사람들은 예수님의 행동을 저마다 편리한 대로 해석했다. 그러나 예수님의 이런 행동 뒤에는 사람들로서는 도저히 알 수 없는 깊은 뜻이 숨어 있었다.

"우리 친구 나사로가 잠들었다. 그러나 내가 그를 깨우러 가노라!"

그렇다! 나사로는 예수님의 친구만이 아니었다. 제자들의 친구이기도 했다. 평소 나사로는 예수님만이 아니라 제자들도 친구처럼 따뜻하게 대하였다. 제자들이 그 사실을 모를 리 없었다. 때때로 아무도 눈치 못 채게 전대(錢臺)에 여행비를 듬뿍 집어넣어주던 나사로! 집에 들를라치면 항상 밝고 따뜻한 미소로 그들을 반겨주던 나사로! 예수님뿐만 아니라 제자들에게도 늘 든든한 후원자였고, 낯선 방문객조차 따뜻한 음식과 깨끗한 잠자리를 무상으로 제공하던 나사로는 베다니에 사는 모든 사람들의 친구였다.

예수께서 그 친절하고 자상한 친구를 깨우러 가자고 말씀하셨을 때 제자들은 엉뚱하게도 "이제 잠들었다고 하는 것을 보니 곧 낫겠구나" 하고 생각했다. 사람이 잠을 잘 잔다는 것은 중요한 일이다. "잠이 보약"이란 말이 있지 않은가? 특히 병고에 시달리며 도통 잠을 이루지 못하는 환자의 경우는 병세가 깊어진다는 증후인 것이다. 그런데 잠을 잔다는 것은 병세가 호전되고 있다는 의미이다. 그래서 제자들은 "주여, 잠들었으면 낫겠나이다"라고 주저 없이 말할 수 있었던 것이다.

그러나 나사로의 잠은 그냥 단순한 잠이 아니라 영원한 죽음의 잠이었다. 나사로는 다행히 물질적 부의 낭떠러지에서 떨어지는 일은 피할 수 있었으나 인간으로서는 피할 수 없는 실존적 한계인 죽음을 피하지 못하고 깊이를 알 수 없는 그 영원한 죽음의 낭떠러지에서 떨어진 것이다.

진시황은 불로초를 얻기 위해 삼천 명의 동남동녀를 삼신산(三神山)에 보내었다. 절대 권력을 가진 그였지만 죽음만은 어쩔 수 없었다. 어디 진시황제뿐이겠는가? 지금까지 인류 역사상 성경 속의 특별한 인물들을 빼고는 죽음을 피해간 사람이 아무도 없었다. 예수님의 사랑을 받았던 나사로 역시 에녹과 엘리야 같은 신앙의 거성(巨星)들이 보여준 비상(飛翔)의 대열에는 끼지 못했다.

도마를 욕하지 말라

건방진 탓인가, 아니면 모자란 탓인가? 그도 아니면 오해의 탓인가, 무지의 탓인가? 제자 중 한 명인 도마는 그 와중에 "우리도 주와 함께 죽으러 가자"고 말한다. 예수께서 나사로가 죽었다고 말씀하시자 보인 도마의 반응이다. 도마는 사랑하던 나사로가 죽었으니 예수님도 따라 죽을 것이라고 생각했던 것일까? 만일 예수님이 죽으시면 본인도 정말로 따라 죽을 셈이었던 것일까? 아무래도 오해를 해도 단단히 오해한 것 같다.

하지만 우리라고 별반 다른 것은 아니다. 예수님을 따른다고 입으로는 큰소리를 치면서도, 예수님을 정말 사랑한다고 입에 발린 소리를 하면서도, 실제로는 예수님을 욕 먹이는 짓을 얼마나 태연히 저지르는가? 그러면서도 하나님의 섭리, 뜻, 운운해가면서 그럴듯한 자기합리화 뒤로 도망가는 일을 얼마나 반복하고 있는가? 어찌 도마를 욕하겠는가?

이틀 후에 예수께서 당도한 베다니는 온통 슬픔에 젖어 있었다. 한 가정의 슬픔은 한 가정의 슬픔으로만 끝나지 않았다. 마을 주민 모두가 나사로의 이른 죽음을 비통해하고 있었다.[48] 그는 이미 흰 세마포에 싸여 바위 무덤에 안치되었고, 시체에서는 썩는 악취가 물씬 풍기고 있었다.

소식을 듣고 집에서 달려 나온 마르다는 원망이라도 하듯 말했다.

"주님께서 여기 계셨더라면 내 오라비가 죽지 아니하였겠나이다."

그러나 예수님의 반응은 단호했다.

"네 오라비가 살리라."

"마지막 부활 날에는 다시 살줄을 내가 아나이다."

마지막 날의 부활에 대해서는 어디서 귀동냥했을까? 어디서 이런 믿음이 왔을까? 구약에는 부활의 카테고리(Resurrection Category)가 없다. 다니엘의 환상 가운데 "옛적부터 계신 이가 나아와 구름을 타고 보좌에 등극(登極)하는" 승귀(Translation)가 있을 뿐이다.[49] 예수님을 만나지 못하고 이전의 가르침만을 알고 있었더라면 이런 믿음은 나오지 못했을 것이다.

"나는 부활이요 생명이니 나를 믿는 자는 죽어도 살겠고 무릇 살아서 나를 믿는 자는 영원히 죽지 아니하리니 이것을 네가 믿느냐?"

현재의 시간을 뚫고 온 미래의 부활

미래의 시간이 현재로 들어왔다. 아니, 영원이 현재라는 시간 안으로 뚫고 들어왔다. 인간 실존은 시간의 궤도를 바꿀 수 없으나 창조주 하나님의 아들 그리스도 예수는 시간의 궤도를 바꿀 수도, 되돌릴 수도, 그리고 더 나아가 시간의 궤도 자체를 끝낼

권한도, 능력도 갖고 계신다. 여호수아의 기도에 해를 멈추시고 달을 아얄론 골짜기에 걸어두신 분이 아니시던가![50] 마리아는 지금 그 사실에 눈을 떴다.

미래의 부활은 현재의 부활에 밀려난다. 환언하면 미래의 부활이 현재 부활의 시간 영역으로 뛰어들었다. 미래에 오실 영광의 그리스도가 다메섹 도상에서 단 한 번 미리 현재의 시간 안에 들어오셔서 핍박자 사울 앞에 서신 것처럼![51]

인간에게 고통을 안겨준 죽음에 대해 분노하신 예수님은 결국 우셨다. 죽음의 종노릇 하는 중생(衆生), 죽음의 횡포 아래 고통당하고 울어야 하는 중생의 아픔과 슬픔을 가슴에 안으시고 우셨다. 예수님의 눈물은 모든 인간을 위한 것이었다. 인간 존재의 본질적인 고통을 어루만지시는 울음이었다. 죽음의 배후에서 역사하는 간악한 흑암의 세력들의 최후를 예수님은 직시하셨다. 그들의 처참한 종말을 똑바로 인식하시면서, 그럼에도 불구하고 오늘, 죽음으로 우는 가련한 인류의 아픔을 달래시기 위해 그들과 함께 우셨던 것이다. 그 눈물은 그래서 인간의 표현으로는 다 그려낼 수 없는 눈물인 것이다.

무덤에서 나온 나사로

하늘을 우러러 보좌에 계신 하늘 아버지께 예수님은 기도하셨다. 늘 뒤를 따르는 무리를 돌려보내신 후 따로 한적한 곳으로 가서서, 때론 밤이 맞도록 하늘 아버지의 음성을 듣기 위해 예수님은 기도하셨다. 그분이 기도하실 때는 그분만 하늘 아버지의 음성을 들으신 것이 아니라 하늘 아버지도 항상 아들의 말을 듣고 계셨다.[52]

기도는 대화(Dialogue)다. 대화란 어느 한 편만 말하고 한 편은 듣기만 하는 것이 아니다. 대화란 서로 말을 하고 서로가 듣는 과정이다. 그러나 우리가 하는 기도는 어떤가? 일방적으로 자신의 말만 하고 듣는 과정이 없는 일방적인 커뮤니케이션(one way communication)이 아닌가? 하나님의 음성을 들을 겨를도 없이 일방적으로 쏟아댄 후 자리를 털고 일어나 자기 뜻대로 길을 가는 경우가 얼마나 허다한가? 그래서 침묵기도는 정말로 중요하다.

"아버지여, 내 말을 들으신 것을 감사하나이다."

"항상 내 말을 들으시는 줄을 내가 알았나이다."

감사와 확신이 없는 대화는 이제 종지부를 찍자. 들으심과 들음이 없는 독백(monologue), 감사와 확신이 고갈된 자기연민과 넋두리는 이제 둘둘 말아 치우자!

"나사로야 나오라."

태초에 "빛이 있으라"고 하나님은 말씀하셨다. 빛은 생명이다. 빛이 있는 곳에는 어두움과 죽음이 머물지 못한다. 빛과 생명이신 예수의 말씀에 죽음은 나사로에게 채운 단단한 족쇄를 풀고 달아났다. 최후의 원수인 죽음[53]은 최후의 순간이 오기도 전에 힘을 상실하고 말았다.

사람들은 흔히 육체의 죽음만을 죽음으로 생각하는 경향이 있다. 사탄의 술책에 넘어가 영적으로 죽거나 정신적으로 죽게 되는 것을 심각하게 생각하지 않는다. 그래서 오늘날 세계는 하나의 거대한 공동묘지로 변하고 있다. 시체가 썩어 냄새나는 구역이 묘지가 아니라 영혼과 정신이 죽어 그 부패함을 감추려고 온갖 기교를 부리며 육체를 장식하는 오늘의 세계가 바로 회칠한 무덤이다.

개인의 영적·정신적 죽음보다 더한 것은 종교의 죽음이다. 부활 앞에서 세상의 모든 것을 똥처럼 여긴 바울을 그렇게도 팔아먹으면서, 똥 같은 세상 명예와 권세, 물질을 챙기기에 혈안이 된 종교 지도자들과, 그들을 향해 침을 뱉으면서도 여전히 한패거리가 되는 종교인들의 주검에서 나는 냄새는 더 지독하다. 여기에는 그 어떤 종교도 예외일 수 없다.

오늘 주 예수는 말씀 하신다.

"교회여, 무덤에서 나오라."

하늘 아버지의 선물, 부활

물질의 벼랑에서 구원받은 나사로는 또한 육체적 죽음의 벼랑에서도 구원을 받았다. 나사로는 인간의 실존적 한계인 육체적 죽음으로부터만 부활을 얻은 것이 아니다. 그의 영혼과 정신 또한 부활했다. 그의 육신은 결국 다시 죽어야 했기 때문에 후자의 부활이 없다면 그의 부활은 그저 현세적이고 찰나적인 부활에 머물렀을 것이다.

그가 얻은 영혼과 정신의 부활은 다름 아닌 살아계신 하늘의 아버지와 갖는 친밀함(intimacy)이라는 부활이다. 그는 살아난 다음 사랑하는 누이들로부터 모든 전후 사정을 들었고, 특별히 그를 사랑하시는 예수께서 하나님께 드린 기도와 하늘 아버지의 응답하심에 대해 생생히 들었다. 그래서 그는 자신의 부활이 하늘 아버지의 응답이었음을 분명하게 깨달았다.

하늘 아버지의 놀라운 선물을 받은 나사로는 이렇게 우리에게 고백한다.

내가 받은 부활은 하늘 아버지의 선물이다. 그리고 나의 부활은 단순한 육체의 부활이 아니라 영적·정신적 부활이다. 부활로 나는 하나님의 깊이(the depth of God)를 체험했기 때문이다.

부활의 높은 고지에 오르니 세상의 모든 것들, 바로 부귀, 명예, 쾌락, 그중에서도 특히 물질은 아무 것도 아니었다. 그것들은 똥과 같다. 찰나적인 것들이다. 내가 처음 예수님을 만났을 때 "네가 가진 모든 것을 팔아 가난한 자들에게 나눠주고 나를 따르라"고 말씀하셨을 때, 나는 고민하며 돌아섰다. 그러나 부활의 고지에 오른 지금, 나는 내가 다시 예수께로 발걸음을 돌렸다는 것, 그분과 그분의 일행 그리고 지나가는 객과 고아와 과부들을 섬기는데 나의 물질을 사용했다는 것이 얼마나 복된 일인가

를 새삼 깨달았다. 나는 물질의 노예가 아니라 비로소 진
정한 물질의 사용자가 되었던 것이다.

예수님은 하나님이 보내신 세상의 구세주이시며 죽음의
종노릇을 하는 모든 인류의 구원의 소망이다. 아직도 썩
어질 물질과 육체의 욕망에 묶여 종노릇하는 사람들이
있다면, 죽음의 공포에 묶여 종노릇하는 사람이 있다면,
아니 나처럼 물질과 죽음의 벼랑에 서 있는 사람이라면,
어서 예수 그리스도를 구세주로 영접하라. 나와 사랑하
는 나의 누이들이 그랬던 것처럼.

1. 예수님의 눈물은 우리를 위한 것이었다.

인간에게 고통을 안겨준 죽음에 대해 분노하신 예수님은 결국 우
셨다. 죽음의 종노릇 하는 중생, 죽음의 횡포 아래 고통당하고 울
어야 하는 중생의 아픔과 슬픔을 가슴에 안으시고 우셨다. 예수
님의 눈물은 모든 인간을 위한 것이었다. 인간 존재의 본질적인
고통을 어루만지시는 울음이었다.

2. 오늘의 세계는 거대한 공동묘지로 변하고 있다.

사람들은 흔히 육체의 죽음만을 죽음으로 생각하는 경향이 있다.
사탄의 술책에 넘어가 영적으로 죽거나 정신적으로 죽게 되는 것
을 심각하게 생각하지 않는다. 그래서 오늘날 세계는 하나의 거대
한 공동묘지로 변하고 있다. 시체가 썩어 냄새나는 구역이 묘지가
아니라 영혼과 정신이 죽어 그 부패함을 감추려고 온갖 기교를 부
리며 육체를 장식하는 오늘의 세계가 바로 회칠한 무덤이다.

3. 부활은 하늘 아버지와의 친밀함을 회복하는 것이다.

나사로는 인간의 실존적 한계인 육체적 죽음으로부터만 부활을
얻은 것이 아니다. 그의 영혼과 정신 또한 부활했다. 그의 육신은
결국 다시 죽어야 했기 때문에 후자의 부활이 없다면 그의 부활
은 그저 현세적이고 찰나적인 부활에 머물렀을 것이다. 그가 얻
은 영혼과 정신의 부활은 다름 아닌 살아계신 하늘의 아버지와
갖는 친밀함이라는 부활이다.

XI
진정한 치유자

한센병 환자, 주변 사람들로부터 버림받아

단절의 벼랑에 선 사람

"내가 원하노니 깨끗함을 받으라" (마 8:3)

하나님은 사람을 관계의 존재로 창조하셨다. 그래서 우리는 서로 어울려 관계를 맺으며 살아야 한다. 그러나 다른 사람들과의 관계가 단절되거나 버림을 받는다면 이는 곧 죽음과 마찬가지다. 그런 사람은 살아 있어도 살아 있는 것이 아니다. 그러한 삶은 죽음보다 못한 삶이다. 그런 면에서 주변 사람들로부터 버림받은 사람은 인생의 벼랑에 서 있는 사람이다.

가버나움의 팔복산(八福山)은 경사면이 평평해서 누구나 쉽게 오를 수 있었다. 그날따라 산들거리는 바람이 산등성이에서 갈릴리 호수 쪽으로 불고 있어서 산 정상 바위에 걸터앉은 예수님이 말씀하시기가 편했다. 예수님의 말씀은 싱그런 바람을 타고 군중들의 귓가로 날아가 앉았다. 하지만 바람이 호수에서 산을 향해 부는 날이면 예수님은 자리를 옮겨 호수기나 배 위에서 말씀을 전하시곤 했다.

산 아래 갈릴리 호수는 잔잔한 은빛을 반사하고 있었고, 벌써부터 시장기를 느끼는지 갈매기 떼는 갈릴리 호수 위를 분주히 날고 있었다.

이날 군중들은 그 어느 때보다 귀한 말씀을 들었다. 예수께서 가르치신 산상수훈은 지금까지 말씀을 전한 그 어떤 선지자의 권위도 초월했다. 군중들은 마치 하늘의 양식을 받아먹듯 예수께서 하시는 말씀에 푹 빠져버렸다. 시간은 마치 정지해버린 듯 그 흐름이 느껴지지 않았다. 말씀을 전하시던 예수님은 문득 자리에서 일어나 산을 내려가기 시작했다. 산 아래서 벌어질 일을 미리 예견하신 것일까?

저주받은 병자

그렇다! 그 시대 한센병은 하나님의 저주였다. 한센병에 걸렸다는 것은 사랑하는 가족을 비롯해 주변의 모든 사람들, 그리고 사회로부터의 철저한 단절(excommunication)을 의미했다. 그래서 저주받은 존재로 사느니 어떤 면에서는 차라리 죽는 것이 더 나았다. 한센병 환자로 산다는 것은 개보다 못한 존재로 사는 것을 의미했기 때문이다. 한센병은 한 인간이 누릴 수 있는 모든 것들을 철저하게 빼앗아갔다. 한센병 환자는 처절한 단절의 벼랑에 외로이 홀로 서 있을 수밖에 없었다.

예수께서 산에서 내려오시자 한센병 환자 한 명이 예수께 나아와 절한 연후에 간청했다.

"주여, 원하시면 저를 깨끗케 하실 수 있나이다."

군중과 함께 주옥과 같은 예수님의 말씀, 곧 하늘의 만나를 받아먹을 수 없었던 그는 예수님이 한시라도 빨리 팔복산에서 내려오시기를 학수고대하고 있었던 것이 분명했다.

그런데 그는 왜 "주여, 저를 깨끗케 하여 주십시오"라고 간청하지 않았을까? 자신의 욕망보다 예수님의 뜻을 소중히 여기고 거기에 우선순위를 둔 것일까? 아무리 졸라대도 주님의 뜻이 아니면 이루어질 수 없음을 깨달은 탓이었을까? 아니면 주님의 뜻과는 무관하게 무턱대고 떼를 쓰고 졸라대는 소위 '강청기도'의 허실을 폭로한 것일까? 어쩌면 그는 "하나님은 의인의 기도를 기뻐하신다"는 진리를 전달하는 대리자였는지도 모른다.

원래 한센병 환자는 성 안으로 들어올 수 없었다. 성 밖[54]에서 자기들끼리 지내며 고통스런 목숨을 이어가야 했다. 부자든 거지든, 권력자든 서민이든, 일단 한센병에 걸리면 즉시 가정과 사회에서 축출되었다. 병의 확산을 막기 위해서는 어쩔 수 없는 일이었다. 그러나 당사자가 겪어야 하는 그 설움과 애환을 무엇으로 표현할 수 있겠는가? 그 어떤 언어로도 묘사가 불가능한 일이었다.

한 맺힌 절규

환자들은 숨어살면서 어쩌다 사람이라도 만나면 손바닥으로 입을 가린 채 "나는 부정하다, 나는 부정하다"를 계속 외쳐야 했다. 그럴 때면 한 맺힌 그들의 눈에서는 언제나 시린 눈물이 흘러내렸다. 사람에 따라서는 그런 수모를 주는 사람들과 사회에 대해 분노로 몸을 떨었을 것이다. 그러나 그들이 무의식적이든 의식적이든 성한 사람에게 가까이 갈라치면 사람들은 돌을 주워 이들에게 던질 수 있었다. 부정한 존재이기에 가능한 일이었다.

그런데 이 사람은 어떻게 예수님의 발 앞까지 나올 수 있었을까? 예수님은 늘 제자들과 군중에 둘러싸여 있었기 때문이다. 그들을 뚫고 예수님의 발 앞에 나오기란 하늘의 별따기보다 더 힘들었다.

"아니, 몰골과 행색을 보아하니 저 사람은 한센병 환자가 아닌가?"

지금 예수님의 발 앞에 있는 자가 한센병 환자라는 사실을 깨달은 제자들과 군중들은 소스라쳤다. 그리고 화들짝 뒤로 물러나 혹시 자신도 모르는 사이에 그가 자신의 옆으로 지나가지는 않았는지, 그의 불결한 옷과 살이 자신에게 조금이라도 닿지는 않았는지 살피며 불안에 떨었다.

욕구의 이면

인간은 관계의 존재(related-self)다. 그리고 관계의 핵심은 '만짐'(meaningful touch)이다. 인간은 의미 있는 만짐을 통해 비로소 인간다운 인간으로 성숙해간다. 그런 면에서 만지거나 만짐을 받지 못한다는 것은 불행을 의미한다.

고쳐달라는 그의 욕구 저변에는 만짐에 대한 욕망이 깔려 있다. 꿈에서도 그리는 집으로 돌아가 사랑하는 아내 혹은 남편을 만지고 안고 싶은 간절한 욕구, 사랑하는 아들 딸을 만지며 얼굴을 비비고 얼싸안고 싶은 욕구, 사랑하는 친지와 친구들과 얼굴을 맞대고 앉아 밤이 새는 줄도 모르고 대화하고 싶은 욕구… 예수님은 그의 그 간절한 욕구의 이면을 꿰뚫고 계셨다.

치유자 예수

예수님은 탁월한 심리학자이자 탁월한 치료자(Therapist)였다. 예수님은 사실 굳이 그를 만지실 필요가 없었다. 상식적으로 생각하면 꼭 만지실 필요가 있었다 하더라도 먼저 병을 고치시고 난 후에 그를 만지셔야 했다.[55] 그러나 예수님은 "내가 원하노니 깨끗함을 받으라"고 말씀하시기 전 그에게 먼저 손을 대셨다.[56] 깨끗케 되기를 원하는 그 소망의 저변에 깔린 의미 있는 만짐에 대한 인간의 근본적인 욕구를 간파하고 계셨기 때문이다. "충분한 만짐을 받아야 사람이 된다"는 말은 그냥 나온 말이 아니다.

인간은 애초부터 '손으로 만들어진 존재' 혹은 '손으로 만져진' 존재이다. 하나님이 인간을 지으실 때 손으로 직접 만드셨다. 천지 만물은 말씀으로 직접 창조하셨지만, 인간만은 손수 만드셨다. 우리가 어린 시절 손으로 점토를 주물럭거리며 이 모양 저 모양을 만들며 놀았듯이, 하나님은 직접 흙으로 인간을 만드셨기에 인간은 누구나 만지거나 만짐을 받아야 정서적으로나 육체적으로 안정감을 누릴 수 있다. 그래서 스킨십(skinship) 혹은 의미 있는 만짐(meaningful touch)은 그 무엇보다 기본적인 인간의 욕구이다. 지음을 받던 시간부터 무덤에 들어가는 최후의 순간까지 남녀노소 할 것 없이 끊임없이 만짐을 받아야 한다.

예수님은 이 문둥병자를 처음 창조하실 때 만지셨다. 그리고 그 만짐을 지금 또 하고 계신 것이다. 이 만짐은 인간의 만짐보다 더 귀한 만짐이다. 창조주의 따뜻한 손길을 받는 것보다 더 복된 일이 어디 있겠는가? 그리고 기적이 일어났다. 그의 병은 고침을 받았다. 그의 놀람과 기쁨이 어느 정도였을지는 감히 상상이 되지 않는 일이다.

그는 사력을 대해 집으로 달려갔다. 사랑하는 이들을 가슴에 끌어안는 영상을 머리에 떠올리며… 일그러지고 흉측했던 그의 얼굴은 태양빛 아래서 희게 빛났다. 시간은 거꾸로 흘렀고 그는 과거의 자신으로 되돌아가 있었다. 그가 집에 도착했을 때 가족들은 그를 알아보지 못했다. 그가 자신의 이름을 말하고서야 비로소 가족들은 신음 같은 탄성을 내질렀다.

"이게 꿈이냐 생시냐?!"

가족들은 팔을 크게 벌리고 그를 와락 안았다. 그 역시 온 힘을 다해 가족들을 끌어안았음은 두말할 필요가 없다. 그들 모두

의 눈에서는 놀람과 기쁨의 눈물이 하염없이 쏟아져 내렸다.

　그는 고백했다.

　　저주의 무덤에서

　　개처럼 살던 목숨.

　　살아도 사는 것이 아닌

　　차라리 죽는 것이 나은 목숨.

　　애꿎은 목숨 끊지 못해

　　벼랑에 섰다가

　　한 많은 생명의 심지에 생명의 불을 다시 지피고저

　　돌 맞아 죽을 각오로

　　예수께 달려갔노라.

　　병을 치유하시기 전

　　귀하고 복된 손으로

　　나를 만지신 예수.

　　내 존재의 깊이를 송두리째 아시고

　　내 욕구의 밑바닥을 아신 예수.

　　죽은 몸에 생명의 꽃 피어나

　　새 하늘 새 땅에 만짐의 향기 뿌려

지상천국 만들고자 하나니

인생들아,

존재의 벼랑에서 떨지만 말고

예수의 손잡고 비상(飛上)하려므나.

새 생명의 하늘을 비상하려므나.

1. 우리는 관계의 존재이다.

하나님은 사람을 관계의 존재로 창조하셨다. 그래서 우리는 서로 어울려 관계를 맺으며 살아야 한다. 그러나 다른 사람들과의 관계가 단절되거나 버림을 받는다면 이는 곧 죽음과 마찬가지다. 그런 사람은 살아 있어도 살아 있는 것이 아니다. 그러한 삶은 죽음보다 못한 삶이다.

2. 인간은 접촉해야 살 수 있는 존재이다.

인간은 관계의 존재다. 그리고 그 관계의 핵심은 '만짐'이다. 인간은 의미 있는 만짐을 통해 비로소 인간다운 인간으로 성숙해간다. 그런 면에서 만지거나 만짐을 받지 못한다는 것은 불행을 의미한다.

3. 스킨십은 인간의 본원적 욕망이다.

인간은 애초부터 '손을 만들어진 존재' 혹은 '손으로 만져진' 존재이다. 하나님이 인간을 지으실 때 손으로 직접 만드셨다. 인간은 누구나 만지거나 만짐을 받아야 정서적으로나 육체적으로 안정감을 누릴 수 있다. 그래서 스킨십 혹은 의미 있는 만짐은 그 무엇보다 기본적인 인간의 욕구이다. 지음을 받던 시간부터 무덤에 들어가는 최후의 순간까지 남녀노소 할 것 없이 끊임없이 만짐을 받아야 한다.

XII
늙은 종의 고백

백부장의 하인, 인권 상실과 질병으로 벼랑에 선 사람

"가라 네 믿은 대로 될지어다" (마 8:13)

인간에게 있어 생명만큼 귀한 가치는 인권 혹은 존엄성이다. 만일 이것이 짓밟힌다면 비록 목숨은 붙어 있더라도 그의 목숨은 이미 산 목숨이 아니다. 한 인간으로서 스스로의 자긍심이 무너질 때 그는 이미 인간의 지위를 박탈당하고 한갓 사물로 전락한 것이다. 인간이 스스로 인간임을 자각하지 못할 때, 혹은 인간이 인간으로서 인정되지 못할 때, 한 인간의 내면은 송두리째 파괴되고 다시는 회복될 수 없는 상처를 입는다.

갈릴리 호수 북서쪽에 자리한 가버나움은 '나훔의 마을'(village of Nahum)이라는 뜻을 지니고 있다. 가버나움은 예수님의 공생애 기간 동안 사역의 중심지였다. 예수님은 그곳에서 가장 많은 가르침과 치유, 그리고 귀신을 쫓는 축사(逐邪)를 행하셨다. 그만큼 가버나움을 많이 사랑하셨던 탓일까? 하지만 이 마을은 도리어 예수님을 배척했다. 사람들이 하는 일이란 늘 그런 모양이다.

한센병 환자를 치유하시고 가버나움에 들어선 예수님 앞으로 로마의 백부장이 나아왔다.

"주여, 내 하인이 중풍으로 집에 누워 몹시 괴로워하나이다."

이 백부장은 독특한 인물이었다. 점령군의 지휘관이었지만 이스라엘 백성들을 위해 회당을 지어주었고 이런저런 선을 베풀었다. 당시 로마의 혹독한 식민정책을 생각할 때 백부장의 이런 모습은 사실 거의 찾아볼 수 없는 희귀한 일이었다.

그가 왜 그렇게 했는지를 자세히 알 수는 없지만, 그가 하나님에 대한 믿음을 가지고 있었다는 사실만큼은 확실했다. 그리고 그의 그런 행동들이 이런 믿음 때문에 가능했으리라는 것을 유추해 볼 수 있을 뿐이다.

당시 사회에서 종은 사람이 아니라 일종의 재산이었다. 주인은 종의 생사여탈권을 쥐고 있었고 필요에 따라 팔아치우거나 죽여 버릴 수도 있었다. 당시 종들은 병들어 쓸모가 없어지면 길가에 내버려지기도 했다. 그런데 백부장의 종은 젊고 쓸모 있는 종이 아니었다. 이미 나이가 많이 들어 중풍까지 든 그야말로 쓸모없는 종이었다.

그런 쓸모없는 종을 위해 로마의 백부장이 직접 예수님을 찾아와 종의 병을 고쳐달라고 부탁했다는 것은 정말로 '사건'일 수밖에 없다. 어떻게 그런 일이 가능했을까? 단순한 휴머니즘의 차원이 아니었다. 관습과 전통, 인종과 지위의 차별을 뛰어넘은 그의 행동에서는 휴머니즘을 뛰어넘는 순수한 사랑의 향기가 품어져 나왔다.

운명을 결정하는 만남

인생에서 만남만큼 소중한 것은 없다. 만남 가운데는 인간의 운명을 결정하는 힘이 있는 만남도 있기 때문이다. 만남도 종류가 있다. 의미 없이 만났다 의미 없이 헤어지는 만남, 의미가 있다가도 무의미하게 끝나는 만남, 의미 없이 만났다가 중대한 의미로 마감되는 만남 등. 이 가운데 백부장과 병든 종의 만남은 세 번째 유형의 만남이다. 종으로 팔려왔기에 법적 지위는 여전히 종이지만 내면적으로는 종이 아닌 종이었다. 주인 백부장을 통해 트랜스포머(Transformer)이신 예수님을 만났기 때문이다.

야고보는 진실한 그리스도인인가 아닌가는 다른 사람들에 대한 말과 행동 그리고 태도, 이 세 가지 증표를 보면 알 수 있다고 말했다. 여기서의 태도는 곧 긍휼(compassion)을 의미한다. 하나님의 긍휼을 아는 자는 다른 사람들을 긍휼히 여기게 된다. 야고보는 이 긍휼이 심판을 이긴다고 말한다.[57] 종을 긍휼히 여기는 백부장의 태도는 참된 믿음과 경건의 증표이다. 사도 바울은 긍휼, 곧 다른 사람의 아픔에 동참하는 공감적 참여[58](empathetic participation)가 없으면 그 믿음은 아무 것도 아니라고 말했고, 야고보는 죽은 믿음이라고 단언한다.

백부장은 예수님 앞에 나와 이렇게 말한다.

"주여, 제 집에 친히 오실만큼 저는 값어치 있는 자가 못되오니 다만 한 말씀만 하옵소서. 제 수하에 있는 자들도 제가 명령하고 지시하는 대로 행동합니다."

"내가 이스라엘 백성 가운데서도 이만한 믿음을 만나본 적이 없다!"

자칭 선민이라는 사람들의 믿음은 한 이방인의 믿음 앞에서 맥을 못 쓴다. 이쯤되면 '선민의식'은 어디 쥐구멍이라도 찾아야 할 형편이다. 싸늘한 교리에 매달려 실천(praxis)을 잃어버린 믿음은 백부장의 집 뒤뜰에 있는 쓰레기통이라도 찾아야 한다. 이것이 바로 죽은 믿음의 현주소다. 따뜻한 포용(acceptance)과 환대(hospitality)라는 긍휼을 잃은 우리는 싸늘한 시체 안치소나 찾아가야 한다.

종의 변화

백부장, 그는 실로 그 시대와 사회의 멘토가 될 만한 인물이었다. 그럼 예수님의 말씀으로 회복된 종은 그후 어떻게 되었을까? 주인 백부장의 사랑을 깊이 체험한 종의 삶은 달라졌다. 이전의 종으로서의 삶이 아니라 한 인간으로서 한 인간인 백부장을 이해하고 사랑하는 삶을 살게 되었다. 이러한 변화는 단순히 한 종의 변화로 끝나지 않는다. 이 모든 과정을 지켜본 다른 종과 주변 사람들은 무엇을 느꼈을까? 그것은 인위적으로 만들어

논 계급과 차별을 뛰어넘는 사랑의 힘과 인간에게 있어 본질적으로 중요한 것이 무엇인가를 본 사람들의 내면적 변화를 불러일으켰을 것이다. 진실은 사람을 변화시키는 힘이 있다.

종이라는 인권상실의 벼랑, 병들면 한낱 쓰레기처럼 아무데나 내던져질 비극적인 운명의 주인공! 죽음의 문턱에서 예수님을 만난 백부장의 종은 이후 그의 주인 백부장과 함께 하나님을 예배하는 자가 되었을 뿐만 아니라 예수 그리스도를 좇는 제자가 되었다. 그리고 그 두 사람 모두 예수님을 따라 사람들을 변화시키는 트랜스포머가 되었을 것이다.

인생의 벼랑에 서 있던 백부장의 종은 고백한다.

나는 하늘을 원망했고 나를 낳은 부모를 원망하고 저주했다. 종이 되어보지 못한 자는 종의 슬픔과 고통을 결코 알지 못한다. 종이라는 인간 이하의 존재에게 삶은 죽음보다 가혹했다. 그렇게 불행한 삶을 포기할 용기조차 없는 걸레 같은 인생을 살다가 나는 우연히 로마 백부장의 종이 되었다.

물론 종이라는 사회적인 신분을 벗어날 수는 없었지만, 난 처음으로 백부장에게서 한 인간으로서 대접을 받게 되었다. 그는 다른 사람들과 달랐다. 무엇이 그를 그렇게 따뜻하고 자비로운 사람으로 만들었는지는 잘 모르지만, 나는 그것이 그가 갖고 있는 종교의 힘이라는 것을 분명히 알고 있었다. 그는 로마인이면서도 유대인이 믿는 하나님을 믿었다. 그는 다른 로마의 지배자들과는 달리 유대인을 위해 회당도 지어주었다. 그런 그를 섬기는 일은 힘들지 않았다.

그러던 어느 날, 느닷없이 찾아온 중풍은 죽음을 의미했다. 종이 병에 걸려 일을 할 수 없다는 것은 곧 용도 폐기를 의미했다. 그럼에도 불구하고 나의 주인은 나를 불쌍히 여겨 나를 고칠 방도를 수소문했다. 이런 일은 우리 시대에 도저히 일어날 수 없는 일이었다.

그리고 어떤 과정이 있었는지 난 잘 모른다. 어느 한 순간 나는 몸이 가벼워진 걸 깨달았다. 나는 일어설 수 있었고 움직일 수 있었다. 난 아무런 원인도 없이 갑자기 치유된 것이다. 하지만 아무런 이유가 없었던 것은 아니었다. 나는 나중에 나의 사랑하는 주인이 예수님을 만나 나를 고쳐달라고 부탁했다는 것을 알았다. 그리고 주인의 부탁을 받은 예수님이 놀라운 영적 권위로 내 병을 물리치셨음을 알게 되었다.

난 나를 고쳐주신 나사렛 예수를 직접 뵌 적이 없다. 하지만 나는 내가 치유되던 순간의 기억을 잊지 못한다. 병이 내 몸을 떠나던 그 순간, 나는 그분의 따뜻한 손길을 느꼈다. 그 느낌은 아마도 평생 잊지 못할 것이다. 난 이제 남은 생을 주인을 통해 그분에 대해 배울 것이며 그분

의 가르침에 따라 살 것이다. 나는 백부장을 더 이상 주
인으로 섬기지 않는다. 그는 나의 진정한 친구이며 나는
그의 은혜에 보답하기 위해 죽을 때까지 그를 존경하고
섬길 것이다.

인간의 삶에 있어 불행은 다양한 모습을 가지고 있다. 때
로는 고통으로, 때로는 질병으로, 때로는 파산으로, 때로
는 상실감으로, 너무도 많은 어둠의 원인들이 우리를 벼
랑으로 내몬다. 하지만 벼랑의 끝에서도 우리는 희망을
가질 수 있다. 그 희망의 뿌리는 바로 나사렛 예수로부터
나온다. 내가 아는 한, 그분은 우리가 갖고 있는 모든 문
제의 해답이 되신다. 나사렛 예수를 만나라. 당신이 어떤
벼랑에 서 있든 바로 그 자리가 은총의 하늘로 비상할 수
있는 축복의 도약대가 될 것이다.

1. 만남은 정말로 중요하다.

인생에서 만남만큼 소중한 것은 없다. 만남 가운데는 인간의 운명을 결정하는 힘이 있는 만남도 있기 때문이다. 백부장과 병든 종의 만남은 중대한 의미를 지닌 만남이다. 종으로 팔려왔기에 법적 지위는 여전히 종이지만 내면적으로는 종이 아닌 종이었다. 주인 백부장을 통해 트랜스포머이신 예수님을 만났기 때문이다.

2. 진실한 그리스도인의 증표는 긍휼이다.

야고보는 진실한 그리스도인인가 아닌가는 다른 사람들에 대한 말과 행동 그리고 태도, 이 세 가지 증표를 보면 알 수 있다고 말했다. 여기서의 태도는 곧 긍휼을 의미한다. 하나님의 긍휼을 아는 자는 다른 사람들을 긍휼히 여기게 된다. 야고보는 이 긍휼이 심판을 이긴다고 말한다.

3. 진실은 사람을 변화시킨다.

주인 백부장의 사랑을 깊이 체험한 종의 삶은 달라졌다. 이전의 종으로서의 삶이 아니라 한 인간으로 한 인간인 백부장을 이해하고 사랑하는 삶을 살게 되었다. 진실은 사람을 변화시키는 힘이 있다.

XIII
‘153’ 비밀

시몬 베드로, 실패로 인해 벼랑에 선 사람

“고기를 잡은 것이 심히 많아 그물이 찢어지는지라”(눅 5:6)

실패를 원하는 사람은 아무도 없다. 나름대로 노력을 했는데도 어쩌다보니 실패한 것이지 처음부터 실패를 목적으로 하는 사람은 아무도 없다. 사람들은 성공을 추구한다. 그래서 많은 장애물에도 불구하고 어려움을 극복하고 성공의 고지에 오른 사람들은 주변 사람들의 부러움과 존경을 얻는다. 그렇다고 성공하는 사람이 많은 것은 아니다. 우리들 대부분은 실패로 인한 추락을 두려워하며 벼랑 끝의 삶을 살아간다.

찬란하게 솟아 오른 아침 해와 얼굴을 맞댄 디베랴 호수는 그 해맑은 얼굴에서 연실 금빛을 반사하고 있었다. 새벽잠을 깬 갈매기들은 먹이를 찾아 "끼룩끼룩" 대며 금빛 물결이 출렁대는 호수 위를 선회하거나 하강하며 분주한 아침을 열고 있었다. 헤밍

웨이의 소설 〈노인과 바다〉에 나오는 샌디에고 노인처럼, 밤새 한 마리의 고기도 낚지 못한 시몬은 수심에 찬 얼굴이었다. 시몬은 삐걱대며 흔들리는 배에서 간밤에 드리웠던 그물들을 씻어내고 있었다. 시몬은 실패자였다. 어부인 그가 고기를 잡지 못한 것은 그가 낙오된 어부임을 증명하는 것이었다. 시몬의 삶은 벼랑 끝에 매달려 있었다.

그날따라 바람이 호수에서 산을 향해 부는지라 예수님은 시몬의 배에 올라 디베랴 호숫가에 운집한 군중들에게 말씀을 전하셨다. 말씀을 전하던 예수님은 느닷없이 시몬에게 이렇게 말씀하셨다.

"깊은 데로 가서 그물을 내려라."[59]

시몬은 의아하기 보다는 분노를 느꼈다. 모욕감을 느꼈다. 그는 밤새 고기를 잡았고, 비록 실패한 어부이긴 하지만 오랜 세월 어부로 살아왔다. 그런데, 밤새 고생을 하고도 빈손으로 돌아온 자신에게 이렇게 훤한 시각에 다시 그물을 내리라고 하는 것인가? 나를 바보로 아는 것인가? 실패한 어부라고 이분이 지금 나를 웃음거리로 만드시는 것인가?

"선생님, 우리들이 밤새도록 수고하였으되 얻은 것이 없는데, 이렇게 밝은데 깊은 데로 가서 하나도 아닌 그물들을 내리라니요? 별 수 없겠지만 선생님이 그렇게 말씀하시니 다시 한 번 해보리다…"

이것은 순종이 아니다. 아니, 어떻게 순종할 수 있겠는가? 고기 잡는 일이라면 예수님이 오히려 시몬에게 배워야 한다. 자신은 그래도 명색이 어부 아닌가? 고기를 잡아 생계를 유지하는 사람이었다. 그런데 고기가 없는 깊은 데로 가서 다시 그물들을 내리라니…?

시몬은 자기 이성과 경험을 믿었다. 그의 입장에서 예수님의 말씀은 넌센스였다. 그래서 그는 달랑 그물을 하나만 내렸다. 조금 있다가 텅 비어 있는 빈 그물을 예수님의 코앞에 들이대고 "자, 보십시오. 선생님!" 하며 예수님을 무참하게 할 심산이었다.

믿음의 본질

기독교 신앙의 본질은 인간의 이성과 논리와 경험을 십자가에 못 박는 것이다. 합리적이고 경험적인 것을 뛰어넘어 그 이면의 영적인 진실을 보는 것이다. 하지만 시몬은 그것을 몰랐다. 갈릴리 호수에서 어부로 잔뼈가 굵은 그가 보기에 예수라는 선생의 관점 혹은 주장은 허망한 넌센스였다.

그러나 그가 그물을 들어 올렸을 때 전혀 예상치 못한 놀라운 사건이 벌어졌다. 그건 한 마디로 기적이었다. 너무도 많은 고기를 담은 그물은 고기의 무게를 견디지 못해 툭 툭 찢어지고 있었고 붙잡힌 고기떼는 파닥거리며 세차게 그물을 빠져나가고 있었다. 도대체 이게 무슨 일인가? 어떻게 이런 일이 일어날 수 있단 말인가? 시몬은 무릎을 꿇었다.

"주여, 나를 떠나소서. 나는 죄인이로소이다."

자신의 생각과 경험을 뿌리부터 뒤집어엎는 기적 앞에서 시몬은 자신도 모르게 무릎 꿇었다.[60] 그리고 비로소 예수님을 주[61]라고 부르며 죄인인 자기를 떠나시라고 간청했다.

디베랴 호수의 실패자, 아니 인생의 실패자 시몬 베드로! 찢어진 그물은 실패의 인생임을 말한다. 어디 그뿐인가? 모든 제자들이 다 주를 버릴지라도 나는 절대로 버리지 않겠다고 호언장담했던 그는 두 번이나 예수님을 부인했고, 아예 세 번째는 저주까지 하면서 부인한다. 그는 철저한 실패자였다.

그런 그는 처절한 실패의 벼랑에서 다시 변화(transformation)를 맞는다. 부활하신 주님은 디베랴 호수를 찾아오셨다. 옛 모습으로 되돌아간 시몬과 그의 일행은 그날 밤도 한 마리의 고기도 잡지 못한 채 밤을 지새고 있었다. 그런 그들에게 주님은 찾아오셔서 말씀하셨다.

"배 오른 편에 그물 하나를 내리라."

시몬은 달라졌다. 실패의 경험이 그를 겸손하게 만들었다. 그는 자신이 알고 있고 자신이 경험한 것이 전부가 아님을 예수님을 통해 배웠다. 배신의 막다른 골목까지 갔던 그는 주님의 말에 철저히 복종하는 것을 배웠다. 작은 고기잡이배에서 오른쪽으로 그물을 내리든 왼쪽으로 그물을 내리든 그것이 어떤 차이를 가져올까 싶지만 문제는 달라진 시몬에 있었다. 변화된 시몬이 차이를 만들어내는 것이다.

그 결과가 무엇이었는가? 상상을 초월하도록 많은 물고기가 잡힌 것은 매한가지였지만 이번에는 그물이 찢어지지 않았다.

"가득히 찬 큰 물고기가 백쉰세 마리라 이같이 많으나 그물이 찢어지지 아니하였더라."[62]

153마리의 고기가 걸려 찢어질 수밖에 없는 그물이 찢어지지 않았다. 그것은 부활하신 주님의 말씀에 온전히 순종한 결과였다. 그러면 왜 하필 오른편이었을까?

"지혜자의 마음은 오른쪽에 있고 우매자의 마음은 왼쪽에 있느니라."[63]

"양은 그 오른편에 염소는 왼편에 두리라."[64]

오른편 '덱시오스'(Dexios)는 "온전한 믿음과 순종의 자리"이자, 상호친교의 자리[65]요, 왕이[66] 앉는 영광의 자리이다. 반면 왼편 '누노모스'(Nunomos)는 불신앙과 불순종의 자리이며 심판의 자리이다. 그리고 마지막 심판의 날에 천국에 들어갈 양은 오른편에, 그리고 정죄와 영원한 지옥 불에 버려질 염소는 왼편에 서게 된다.

시몬은 비로소 오른편에 섰다. 온전한 믿음과 절대 순종으로 '153'을 거둘 수 있었다. '153'이란 숫자, 즉 '플레소스'(plesos)는 충만수(充滿數)이다. 하나님은 온전히 믿고 순종하는 자에게 충만한 은혜와 복을 주신다는 하나님이 없는 성공은 찢어진 그물과 같이 성공 같지만 실패이고, 순종은 어리석어(absurdity) 보이지만 충만한 결과를 낳는다.

십자가를 지고

디베랴 호수에서 주를 처음 만났을 때 시몬은 실패의 벼랑에 서 있었다. 이후 그는 주님을 부인하고 저주함으로써 더욱 막다른 골목으로 밀려갔다. 그러나 부활한 주님을 만난 시몬은 비로소 실패의 벼랑에서 구원을 얻었다. 그리고 마침내 주님을 뒤좇는 십자가의 길을 걸었다.

그리스도교에 대한 박해가 극심해지자 그는 제자들의 권고로 로마를 벗어나다 부활하신 영광의 주님을 만난다. 그는 주님께 묻는다.

"쿼바디스 도미네?"(주여 어디로 가십니까?)

"내 양들을 위해 다시 십자가를 지러 로마로 가노라."

주님의 말씀을 들은 그는 다시 로마로 되돌아간다. 그리고 그곳에서 복음을 증거하다 체포되어 사랑하는 아내 산타페와 함께 십자가에 거꾸로 매달리는 순교의 길을 걷는다. 시몬의 '그물'(인생)은 찢어지지 않았다.

시몬은 고백한다.

> 사랑하는 형제자매여, 나를 보라. 나의 실패에서 그대들은 배우라. 자신의 이성과 경험을 과신하지 말라. 나 역시 한때는 젊고 어리석어 자신을 과신하는 잘못을 저질

렀고, 그 결과는 참혹한 실패의 벼랑이었다. 나의 삶은 '찢어진 그물'이었고, 주님 곁에 있으면서도 나의 어리석음은 고쳐지질 않았다. 나는 주님을 부인했고 심지어는 저주까지 했다. 나는 실패한 자일 뿐만 아니라 패역한 자였다. 나는 죄인이었다.

하지만 나는 나의 실패와 죄로부터 배웠다. 이성과 경험을 뛰어넘는 믿음의 세계를 알게 되었다. 그 세계는 주님이 내게 가르쳐주신 세계였다. 나는 이제 주님의 뒤를 따른다. 그 길이 곧 고통의 길이고 죽음의 길이지만 나는 그 너머에 있는 영광을 본다. 그리고 그 길이야말로 참다운 성공의 길이며 우리 주님이 먼저 걸어가신 진리의 길임을 이제 나는 확신한다.

사랑하는 형제자매여, 주님의 말씀에 순종하라. 자신을 믿는다면 그대의 인생은 찢어진 그물처럼 실패한 인생이 될 수밖에 없음을 반드시 기억하라. 그대가 주 예수 그리스도만을 신뢰하고 그분의 말씀에 순종하는 삶을 산다면 그대의 인생은 내 인생처럼 결코 찢어지지 않을 것이다. '153'의 축복은 오직 주님과 그분의 말씀만 의지하고 순종하는 자들이 받게 되는 보상임을 결단코 잊지 말라!

1. 신앙의 본질은 이성과 논리와 경험을 뛰어넘는 것이다.

기독교 신앙의 본질은 인간의 이성과 논리와 경험을 십자가에 못 박는 것이다. 합리적이고 경험적인 것을 뛰어넘어 그 이면의 영적인 진실을 보는 것이다. 하지만 시몬은 그것을 몰랐다. 갈릴리 호수에서 어부로 잔뼈가 굵은 그가 보기에 예수라는 선생의 관점 혹은 주장은 허망한 넌센스였다.

2. 상황은 변하지 않는다. 다만 사람이 달라질 뿐이다.

시몬은 달라졌다. 실패의 경험이 그를 겸손하게 만들었다. 그는 자신이 알고 있고 자신이 경험한 것이 전부가 아님을 예수님을 통해 배웠다. 배신의 막다른 골목까지 갔던 그는 주님의 말에 철저히 복종하는 것을 배웠다. 작은 고기잡이배에서 오른쪽으로 그물을 내리든 왼쪽으로 그물을 내리든 그것이 어떤 차이를 가져올까 싶지만 문제는 달라진 시몬에 있었다. 변화된 시몬이 차이를 만들어내는 것이다.

3. 순종은 축복을 가져온다.

시몬은 비로소 오른편에 섰다. 온전한 믿음과 절대 순종으로 '153'을 거둘 수 있었다. '153'이란 숫자, 즉 '플레소스'는 충만수이다. 하나님은 온전히 믿고 순종하는 자에게 충만한 은혜와 복을 주신다. 하나님이 없는 성공은 찢어진 그물과 같이 성공 같지만 실패이고, 순종은 어리석어 보이지만 충만한 결과를 낳는다.

각주

1. 고전 1:22
2. 사 65:16 진리의 하나님.
3. 영어의 아멘(Amen)에 해당하는 히브리어.
4. 엘에메트.
5. 롬 1:1 이하에 의하면 복음은 하나님의 아들이다. 그리고 그가 하신 일, 즉 복음의 내용은 원복음(Prototype Gospel)이라고 하는 고전 15:3~4절에 보존되어 있다.
6. 눅 17:21
7. 가면(Mask)은 자아와 세계 사이를 연결시켜 주는 역할을 한다.
8. 눅 11:42~44 등
9. 비우다, 혹은 쏟아붓는다는 뜻
10. 십자가의 성 요한(St. John of the Cross, 1542~1591)의 영성의 핵심은 '어두운 밤'(dark night)의 개념에 집중되어 있다. 이 개념은 한편으로는 초월자에 대한 인간 지식의 한계성과 무지함을 나타내며, 다른 한편으로는 인간의 모든 생각과 감각, 욕망 등의 정지와 정화를 뜻하는 전적인 자기 부정과 자기 포기의 '부정성'(negativity)을 나타낸다. 따라서 요한에게 '밤'은 신적 인식을 위해 세상적 욕망과 욕구 등을 잠재우고 그것들로부터 자유로워지며, 하나님에 대한 피상적이고 물질적인 인식에서 떠나 참된 '신적 어두움'(신적인 빛은 무지한 인간들에게는 어두움으로 보인다) 속으로 뛰어들어 가는 것이다.
11. 여기에 모은 예수님의 말씀들은 간접 기독론 범주에 속한다. 예수님은 '메시아'란 칭호 대신 '인자'(the Son of man)란 칭호를 사용하셨다.(다니엘 7장 13~14절의 '인자 같은 이'가 바로 자신이라고 주장하셨다.) 그러면서 아래의 말씀들을 통해 메시아이심을 간접적으로 주장하셨고, 부활은 하나님이 예수님의 주장이 옳았음을 인정(demonstration)하신 사건이다.
12. 헬라어 성경 본문의 표현.

13. 아스카.

14. 자기 직시는 변화의 첫 단계이지만 대부분의 사람들은 자기 직시를 두려
워하거나 회피한다.

15. 신 11:26~30, 수 24에 나오는 시내산에서의 언약을 세겜에서 갱신한 것.
수가는 에발 산과 그리심 산 사이에 위치하였고, 수가 근처의 우물은 오
늘날도 야곱의 우물로 알려져 있다. 야곱이 요셉에게 준 땅에 대해서는
창 48:21~22에 언급되어 있다.

16. 언약 혹은 계약. '베리트' 라는 말 속에는 저주가 들어 있다. 쪼갠 짐승 사
이로 두 계약 당사자가 지나가며 저주를 기원함으로써 계약의 이행을 약
속했기 때문이다.

참조: 창 15:9~21의 아브라함의 계약은 '은혜 계약' 인 반면(하나님 홀로
쪼갠 고기 사이로 지나가시며 계약의 성취와 이행을 책임지셨다), 시내
산의 계약(출 19~24장)은 의무(obligation)로 계약 당사자를 한데 묶는 조
건부 계약(if then 형식)이 된다. 짐승의 피를 뿌리는 것을 통해 '결속'
(bond)되었기에 위반 시에는 저주가 약속되고 기원되었다. 히타이트 족
(The Hittites)의 종주권 조약(the Suzerainty Treaty)에 의하면, 봉신
(Vassel)은 배타적으로 종주(Suzerain)를 섬기며 매년 일정한 조공을 바
쳐야 했다. 그런 조건 하에서 봉신이 다른 외세에 의해 침입을 받거나 위
험에 직면할 경우 보호를 보장 받을 수 있었다. 하지만 배신할 경우, 봉신
은 종주에 의해 철저히 파괴되었다. 마찬가지로 이스라엘 백성이 눈을
돌려 이방신을 섬기거나 따르면 하나님과 세운 언약대로 저주를 받게 되
었다.

17. "와 보라"(Ecche Homo) 형식이 두드러지고 있다.

18. 마 5:28

19. 누구든지 남의 아내와 간음하는 자, 곧 이웃의 아내와 간음하는 자는 그
간부와 음부를 반드시 죽일지니라.

20. 긍휼에 해당하는 히브리어 '레케밈' 은 자궁(the womb)이란 뜻이다.

21. 긍휼이란 의미의 영어 단어 'compassion' 은 라틴어 com(함께)과 pati(아
파하다)의 합성어이다.

22. 중보자이신 그리스도를 통해 하나님께 나아간다면 하나님의 사랑은 그
어떤 중죄라도 용서하실 수 있다.(히 9:27) 하나님의 사랑의 넓이와 높이
와 깊이는 그 어떤 중죄라도 덮을 수 있다.(엡 3:19) 요한 웨슬리가 말한
대로 하나님의 은총의 깊이는 인간의 죄의 깊이 보다 훨씬 더 깊다.

23. 성경에는 '마침' 이라는 말이 빠져 있다.

24. '괴로움의 여인' 인 시모 나오미를 뒤따른 룻이 굶주림에 지친 시모를 봉양하려고 이삭을 줍기 위해 들어간 밭은 보아스가 소유한 밭이었다. 룻이 그 밭에 들어갔을 때 '마침' 자기 밭에 나온 보아스는 룻을 만나게 되었고, 이는 다름 아닌 하나님께서 주신 '기회의 섭리' 였던 것이다.

유다 헤롯 왕 때에 아비야 반열에 속한 제사장 사가랴는 그의 아내 엘리사벳과 함께 흠이 없고 경건하며 의로운 삶을 살고 있었다. 그러나 그들에게 한 가지 마음의 짐, 혹은 고통이 있었다면 그건 자식이 없는 것이었다. 그 당시 무자(無子)는 하나님의 은총을 상실한 것으로 간주되었기에 그들의 정신적 고통은 뭐라 표현할 수 없었다.

두 의인은 자식을 얻기 위해 오랫동안 인내하며 기도하고 있었다. 그때 '마침' 사가랴는 제사장의 전례를 따라 제비뽑기에 당첨되어 주의 성전에 들어가 평생에 한 번 있을까 말까한 봉사와 섬김의 기회를 얻게 되었다. 그들에게 있어서도 '마침' 은 기회의 섭리였던 것이다.

25. 아일랜드 출신의 극작가 조지 버나드 쇼는 묘비에 이런 문구를 쓰도록 했다. '우물쭈물하다가 내 이럴 줄 알았지.' 쇼의 말대로 우리는 우물쭈물하다 기회를 놓치고 "내 이럴 줄 알았어…" 라며 한탄하는 경우가 비일비재하다.

26. 'the Ego-Self Exis' (페르소나, 그림자). 아니마와 아니무스를 통합하여 내면의 자신에게 도달한 상태를 말한다.

27. 'The Self-World Exis'. 세상을 향한 섬김과 사랑의 삶으로 외부를 향하는 상태를 말한다.

28. 코이노니아의 식탁에 먼저 와 앉으신 하나님은 죄의 짐을 지고 있는 이스라엘 백성들을 그 식탁에 초청하셨다. "오라 우리가 서로 변론하자 너희의 죄가 주홍 같을지라도 눈과 같이 희어질 것이요 진홍같이 붉을지라도 양털 같이 희게 되리라"(사 1:18). 하나님의 아들 예수도 하늘 아버지의 마음을 품고서 외치셨다. "수고하고 무거운 짐 진 자들은 다 내게로 오라. 내가 너희에게 쉼을 주리라." (마 11:28)

29. 눅 19:10

30. 삭개오의 아내와 가족들은 삭개오의 회개에 기꺼이 동참했을 것이다.

31. 레 19:13, 출 22:1 등 참조.

32. 마 11:16~17

33. 고전 13:13 "그런즉 믿음, 소망, 사랑, 이 세 가지는 항상 있을 것인데 그

중의 제일은 사랑이라"

34. 마 12:43~45

35. 'Anamnesis' (기억)은 하나님의 은혜를 '지금, 여기서' (here and now)
새롭게 체험하는 사건이었다.

36. 마 2:29, 막 10:46, 눅 18:35 참조.

37. 디매오의 아들을 의미하는 아람어.

38. 사 35:5, 42:7, 44:18. 눅 8:10

39. 눅 4:18, 요 9:39 등.

40. 예수기도는 하나님과 연합하는 영혼의 중심(the Axis)에 이르는 센터링
기도(centering prayer)이다.

41. 마틴 루터는 그의 박사 논문 'Two kinds of Righteousness' 에서 신자가
믿음으로 받는 의는 'alien righteousness' (밖에서 온 의 혹은 딴 의)이며,
이 의에 기초해서 열매 맺는 의를 'proper righteousness' (타당한 의)라고
하면서 만일 이 두 가지 의가 없다면 그 혹은 그녀는 크리스천이 아니라
고 말했다.

42. 사 64:6

43. '랍부니' 는 '나의 주여' 를 의미하는 개인적인 강조 형식이다.(요 20:16
참조.)

44. 대부분 이방인이었던 갈릴리 동편의 농부들은 10개의 헬라 동맹 도시들
로 이루어진 데가볼리에 있는 고가 시장을 위해 돼지를 사육했다.

45. 학자들은 월경불순 아니면 자궁 출혈로 보고 있다. 이 사실로 미루어 이
여인은 처녀는 아닌 듯 싶다.

46. 레 15:25~27

47. 어떤 학자는 부자 청년이 나사로였을 것으로 추정한다.

48. 유대 조문에 의하면, 가난한 집에서 초상이 나면 조객 10명이 참석하는
것으로 되어 있다. 많은 사람이 왔다는 것은 그만큼 나사로의 집이 부유
했다는 반증이다.

49. 단 7:13~14

50. 수 10:12~13

51. 다메섹에서의 그리스도의 현현은 종말에 오실 그리스도께서 단 한 번 역
사 안에 찾아오신 특별 계시에 속한다.

52. 요 11:41~42

53. 고전 15:54

54. 왕하 7:3 이하. 예수님 당시의 그들은 가버나움에서 멀리 떨어진 지역에서 집단생활을 하고 있었을 것이다.

55. 한센병을 고쳐달라는 병자의 요구대로 고쳐주시기만 하면 됐지 굳이 만지실 이유가 없었다. 요구하지도 않은 것을 예수님이 굳이 하실 필요가 없었던 것이다.

56. 성결법전에 따르면, 이는 부정케 됨을 의미한다. 하지만 예수님은 이 법을 초월하셨다. 사람이 안식일을 위해 존재하는 것이 아니라 안식일이 사람을 위해 존재한다고 말씀하시며 안식일에도 병자를 고치신 것처럼.

57. 약 2:13

58. "믿음, 소망, 사랑 이 세 가지 중에 사랑이 제일이니라"는 말씀은 "믿음, 소망, 공감적 참여 중에 제일은 공감적 참여니라"고 읽을 수 있다.(고전 13장)

59. Interlinear Greek-English New Testament.

60. 무릎을 꿇는다는 것은 경배의 의미다.

61. 그물이 찢어질 정도로 고기가 잡히기 전에는 예수님을 '선생' 이라고 불렀다.

62. 요 21:11

63. 전 10:2

64. 마 25:33

65. 문자적으로 '덱시오스' 는 '상호 친교를 받아들이다' (to receive mutual fellowship)는 뜻이다.

66. 예수님은 하나님의 보좌 우편에 앉으셨다. 그리고 성도들은 주와 함께 만물을 통치하는 파트너가 된다.